U0527567

避风港
金融风暴中的安全投资

（Mark Spitznagel）
[美]马克·斯皮茨纳格尔——著

江生 于华——译

图书在版编目（CIP）数据

避风港：金融风暴中的安全投资／（美）马克·斯皮茨纳格尔著；江生，于华译．－－北京：中信出版社，2023.3
书名原文：Safe Haven：Investing for Financial Storms
ISBN 978-7-5217-5190-1

Ⅰ.①避… Ⅱ.①马… ②江… ③于… Ⅲ.①金融投资 Ⅳ.① F830.59

中国国家版本馆 CIP 数据核字（2023）第 002647 号

Safe Haven：Investing for Financial Storms by Mark Spitznagel
ISBN 9781119401797 (cloth)
Copyright © 2021 by Mark Spitznagel
All rights reserved.
Authorized translation from the English language edition published by John Wiley & Sons Limited.
Responsibility for the accuracy of the translation rests solely with China CITIC Press Corporation and is not the responsibility of John & Sons Limited.
No part of this book may be reproduced in any form without the written permission of the original copyright holder, John Wiley & Sons Limited.
Copies of this book sold without a Wiley sticker on the cover are unauthorized and illegal.
Simplified Chinese translation copyright © 2023 by CITIC Press Corporation.
All rights reserved.
本书仅限中国大陆地区发行销售

避风港——金融风暴中的安全投资

著者：　［美］马克·斯皮茨纳格尔
译者：　江　生　于　华
出版发行：中信出版集团股份有限公司
　　　　　（北京市朝阳区东三环北路 27 号嘉铭中心　邮编　100020）
承印者：　宝蕾元仁浩（天津）印刷有限公司

开本：787mm×1092mm　1/16　　印张：14.25　　字数：148 千字
版次：2023 年 3 月第 1 版　　　　印次：2023 年 3 月第 1 次印刷
京权图字：01-2023-0088　　　　　书号：ISBN 978-7-5217-5190-1
　　　　　　　　　　　　　　　　　定价：79.00 元

版权所有·侵权必究
如有印刷、装订问题，本公司负责调换。
服务热线：400-600-8099
投稿邮箱：author@citicpub.com

我筋疲力尽，淹没于无情的冰雹
一路艰辛，荆棘刺痛，伤痕累累
如被猎杀的鳄鱼，如被收割的玉米
"进来吧，"她说，"我会为你遮风挡雨。"

—— **鲍勃·迪伦** ——

目录

前言
纳西姆·尼古拉斯·塔勒布　Ⅲ

第 一 部 分

基本原理

第一章
与运气抗争　003

第二章
自然的告诫　029

第三章
永恒轮回　059

第二部分

验证假设

第四章
分类法 103

第五章
整体论 127

第六章
大胆猜测 168

后记 热爱你的命运 199

致谢 213

前言

纳西姆·尼古拉斯·塔勒布

圣玛丽娜

我的祖上居住在黎凡特北部的一个小村庄,那儿有一座小山,山上矗立着一座纪念圣玛丽娜的教堂。玛丽娜是当地的一名圣徒。不过,在别的传说中(比如东罗马帝国的比提尼亚,或安纳托利亚的其他地区)她有着不同的特质。

玛丽娜生于公元5世纪,在一个富裕的家庭中长大。她的母亲去世后,父亲决定脱离世俗生活,出家为僧。他打算在黎巴嫩山脉的科伦拜恩(砍纳宾)山谷的石屋里度过余生,石屋离我的故乡大约8英里[1]。玛丽娜执意要与父亲一起修道,于是女扮男装,化名为马里诺斯。

大约10年后,玛丽娜的父亲去世。一个路过的罗马士兵与当地

---

[1] 1英里≈1.61千米。——编者注

旅店店主的女儿珠胎暗结，他教唆店主的女儿指控无辜的马里诺斯神父。店主一家怕遭到罗马士兵的报复，只得照办。

玛丽娜背负了责难，但她不需要精干的诉讼人来证明自己的清白。为了忠于僧侣的身份和神圣的使命，她没有透露自己的性别。玛丽娜被迫抚养孩子，为自己从未犯下的罪行忏悔。她被逐出修道院，过了10年乞丐生活。

每天，玛丽娜都要遭受乡人的蔑视。然而，她坚定不移，从未屈服于揭露真相的诱惑。

后来，她英年早逝，涤罪仪式让人们知道了她真正的性别。指控者的罪孽在她死后被揭露，她被尊为希腊东正教圣徒。

哈吉娅·玛丽娜的故事向我们展示了另一种英雄主义。为了伟大的事业无所畏惧，甘冒生命危险，成为战争英雄；为献身哲学而喝下毒堇汁；在罗马竞技场被狮子撕咬，却依然傲然屹立，最终成为殉道者，这些是一种英雄主义。但相比之下，在无法保证沉冤得雪的情况下，日复一日地忍辱负重要艰难得多。剧痛大不了一死，隐痛却更难以忍受，承受隐痛的人更有英雄气概。

斯皮茨纳格尔

我与马克·斯皮茨纳格尔是20多年的老相识。我记得他在读完赫尔曼·黑塞的《悉达多》之后，践行过一段时间的素食主义生活。书中的主人公说："我可以思考，我可以等待，我可以禁食。"我的建议是遵循希腊东正教的斋戒戒律，一年中三分之二的时间素食（另外三分之一的时间可以吃肉，主要是在周日和节假日），但这样的要求似乎太宽松了，并没有说服他。

他略施小计，神不知鬼不觉地将自己的音乐品位灌输给同事（主要是向马勒推荐冯·卡拉扬的演奏）。我们早期的办公室交流像是某种仪式，话题的开始和结束通常涉及卡尔·波普尔以及科学方法中的中心不对称理论（例如黑天鹅事件）。我们坚信自己并不只是做交易，而是知识型企业的参与者。也就是说，我们在商界运用适当的推理和概率论，并根据市场反馈进行大胆改进。我们的交流还包含很多德语术语，比如思想实验（Gedankenexperiment）。我想，我们在办公室所谈论的思想创始人和主题有一个注定的发源地，那就是战前的维也纳及其世界观。

斯皮茨纳格尔向来冷静坚定，这或许是因为他的头脑异常清晰。我必须爆料，我本人远比媒体宣传的更圆滑世故，而他恰恰相反，尽管在外人（比如记者和一些容易轻信的人）面前他隐藏得很好。他甚至成功地蒙蔽了作家马尔科姆·格拉德威尔，后者在《纽约客》中对我们进行了报道，认为在酒吧里化干戈为玉帛的会是斯皮茨纳格尔，而我则是挑起纷争的人。

办公室的气氛轻松幽默，别具一格。来访者通常会被黑板上铺天盖地的数学公式蒙蔽，以为我们的主要优势只是数学。事实并非如此，马克和我在做量化交易之前都是场内交易员。虽然发现目前金融模型中的数学缺陷为我们的工作奠定了基础，但我们的优势与深入交易场，了解校准、微调、执行、订单流和交易成本的重要性息息相关。

值得注意的是，那些共担风险的人，也就是那些用自己的钱进行风险投资的成功者（比如退休的纺织品进口商或前购物中心开发商），会很快获得优势。相反，那些由人事部门进行年终评估的工商管理硕士却需要帮助，他们在金融领域两种优势都不占——既缺乏直觉，又缺乏数学能力。与马克初识时，我们都处在场内交易和概率论（如极值理论）新分支的十字路口。当时（包括现在），站在这个十字路口的只有我们两个人。

相互尊重的骡子协会

现在的主导思想是什么？

有些活动既没有收益，也没有反馈。这是普通人所忽视的问题。

相关推论是：

永远不要低估缺乏反馈对人们无意识行为和选择产生的影响。

马克总喜欢举一个例子：某人练习了很长时间的钢琴，却毫无长进（也就是说，几乎无法完整地弹奏一首曲子），但他坚持不懈，突然有一天，他完美地演奏了肖邦或拉赫玛尼诺夫的钢琴曲。

这个例子与现代心理学无关。心理学家讨论递延收益的概念，将无法延迟满足视为一种障碍。他们认为，看重眼下的1美元胜于未来2美元的人最终会穷困潦倒。但这绝非斯皮茨纳格尔的思想主旨，因为谁也不知道最后能否得到收益。况且，心理学家都是些末流科学家。多数时候，他们探讨的几乎所有问题都漏洞百出。"延迟满足能带来社会经济优势"的观点最终被证明是错的。现实世界略有不同，与今天给你1美元的人相比，一年后给你2美元的人可能会破产（或锒铛入狱）。因此，在不确定的情况下，你必须考虑现在能拿到什么。

钢琴练习的例子表达的观点与延迟满足无关，它强调的是在无法获得外在满足的情况下行动的能力——或者，更确切地说，在随机满足的情况下行动的能力。要在没有希望的日子里坚强地生活。

第二个推论是：

塞翁失马，焉知非福。

这一信念让那些锲而不舍、胸有成竹的人，在无主见的人群中坚持正确行事。

永远不要低估人们渴望得到他人认可的需求。为了应对这种满足感的缺失，科学家和艺术家不得不创造出各种奖项和声名显赫的期刊，让凡夫俗子看上去冠冕堂皇，虚荣心得到满足。你的观点最终是否被证明是正确的并不重要，因为在提出观点和证明观点之间总有出人头地的机会。最终，"研究"变得面目全非，成了一件挂羊头卖狗肉的事。一旦在"声名显赫"的期刊上发表了论文，你就大功告成了，即使完整的想法在未来永远无法实现。这个游戏在金融学和经济学等没有实质反馈的学术领域制造了"引用环"和小团体，人们可以无休止地胡说八道，并获得同行的赞誉。

例如，马科维茨的投资组合理论，或相关的"风险平价"理论，要求资产之间的相关性已知且确定。如果去掉这些假设，你就没有理由构建投资组合（其他更严重的缺陷就不提了，比如本书讨论的遍历性）。然而，除非不知道计算机的存在，也无法访问数据，否则人们就会发现相关性（如果有）并非一成不变，而是随机变化的。人们采纳这些模型的唯一理由是，别人在使用它们。

最终，你会遇到一些拥有厚重简历却不学无术的人（少数人还获得了诺贝尔奖）。这种引用环或互相支持的小团体被古人称为"相互尊重的骡子协会"。

具有成本效益的风险缓释

大多数金融和商业回报来自罕见事件——日常事件与总回报几乎

无关，但金融模型所显示的恰恰相反。被骗子协会蒙蔽的一个典型例子是，一只被称为"长期资本管理"的基金，因错误估算于1998年破产。几位诺贝尔奖得主在一个月内就证明了其模型是虚假的。20世纪80年代，尤其是1987年的股市大崩盘之后，几乎所有人都知道这是个骗局。然而，在经历了一个漫长的周末之后，大多数（如果不是所有的）金融分析师表现出如纽约下水道般清晰敞亮的思维，这反映出"相互尊重的骗子协会"对整个行业的掌控程度。

的确，投资界有不少分析师使用了明显错误的数学方法，设法让自己的模型看起来有模有样、精致复杂，但从长远看，最终却损害了客户的利益。原因何在？很简单，因为他们押注的是别人的钱，而回报却是自己的——他们并未风险共担。

稳定的回报（持续追加）伴随着隐藏的尾部风险。1982年和2008年，银行的资金损失比有史以来的所有损失都要惨重，但银行经理们仍然赚得盆满钵满。当大难临头时，他们仍声称标准模型的风险很低——所以我们要粉碎这些作为欺骗工具的模型。

所有商业活动都存在这种风险转移现象：企业最终会遵循金融分析师的意见，不为尾部风险投保。在他们眼中，一家能够抵御金融风暴的公司，可能不如一家在下次利率轻微波动时表现脆弱的公司，只要后者的每股收益率比前者高出一点点！

现代金融工具催生出"寻租"者，他们的利益与客户的利益不同，最终他们会获得纳税人的救助。

经济上的寻租者显然是社会的敌人，但我们发现了更险恶的敌人：模仿者。

斯皮茨纳格尔在Universa Investments基金公司（以下简称Universa公司）创建了一种尾部风险对冲的投资组合，不再需要延迟随机满足。正如本书倡导（与规划）的那样，风险缓释需要具有"成本效益"（即它应该增加你的财富）。要做到这一点，它需要降低大风险，而非小风险。

作为一种可投资的资产类别，尾部风险对冲应运而生。尾部风险对冲避免了险恶的黑天鹅事件对投资组合的影响；具有成本效益的尾部风险对冲淘汰了所有其他形式的风险缓释策略。于是，人们发展了该理念，一个新范畴诞生了。模仿者纷至沓来——正是之前被现代金融工具愚弄的那批人，那些"相互尊重的骡子协会"会员找到了可贩卖的新事物。

Universa公司证明了一个事实：尾部风险对冲不仅没有替代品，而且就其本身而言（引用保时捷的广告词），它无可替代。

从原则到执行，事情要复杂得多：在外人看来，输出很简单，但从内部看，过程却很艰难。事实上，即使从业者具备天然优势，并且理解收益和概率机制，也需要多年的研究和实践。

我之前说过，马克的优势来自场内交易和对尾部数学的自然（非刻意）理解。这个说法不完全准确。他的优势在很大程度上是行为上的，而我的描述并未充分体现他的冷静坚定。也许坚持不懈、全心投入、保持自律是最容易被低估的特质：20多年来，我从未见他背离过既定方案。

这是他对投资行业极大的嘲讽。

第一部分

基本原理

第一章

与运气抗争

用鲜血立言

19世纪德国哲学家弗里德里希·尼采在其著作中提到,古波斯先知查拉图斯特拉说,"一切文学,余爱以血书者"。

如果是这样,尼采会喜欢这本书。

本书是用与运气抗争的鲜血写成的。在超过25年的人生旅途中,作为一名交易员,我一直在战斗。本书基于一名对冲基金经理和专业避险投资者脚踏实地的投资和风险缓释实践。无论过去还是将来,书中的内容都是我和我的 Universa 公司的安身立命之本。(这是我们的宣言。)

空谈无益,想法和评论是廉价的。意义只来自行动,来自竞技场内的实践。我不必像夏洛克·福尔摩斯那样"知人所不知",我的职责是为人所不为和不能为(同样重要的是,知我所不知)。相较于争论避险投资的定义，进行避险投资实践并证明其有效性更重要。很多人声称自己在做实事，但他们中的大多数人都忽略了海明威的那句精辟之言："永远不要将动作和行动混为一谈。"

到目前为止，Universa 公司的风险缓释投资组合十多年的年化净收益率超过标准普尔 500 指数 3 个百分点。本书讲述了这背后的基础和方法。更重要的是，这种表现是风险大幅降低的直接结果。在对冲基金行业和一般的风险缓释策略中，这种水平的优异业绩实属罕见。在现阶段和大多数时期，一般策略的业绩几乎都低于标准普尔 500 指数。市场对我们很友善，因为我们不想欺骗它；我们没有试图预测市场，或用计谋打败它。一直以来，我们只专注于一件事，那就是使我们的投资行为与投资信念保持一致。

人们将风险缓释视为一种负债，一种创造财富的权宜之计，因为通常情况下，它就是如此。作为研究和抽样检验的真实案例，Universa 公司已明确证明，我们不必以这种方式看待它。风险缓释可以且应该被认为是随着时间的推移对投资组合的补充——执行正确的风险缓释策略，就会实现这一目标。我希望 Universa 公司能在市场上留下这种印记。

从繁忙的工作中抽空写作本书，我经历了艰难的时刻，但写作过程充满了爱。本书提供了非常重要的反思机会。人们经常问我，"外行"小投资者应怎样保护其投资组合。本书的写作让我对此进行了更深入的思考。

在一定程度上，本书是对这些问题的回应。我希望一开始就设定适当的期望值。这不是一本关于"如何做"的书，而是一本关于"为何做"以及"为何不做"的书。让我们明确一点：非专业人士（甚至大多数专业人士）无须尝试我作为避险投资者所做的具体工作。无论我在书中说了什么，这一点都不会变。

因此，我不会手把手教你怎么做，我不会透露太多商业机密。作为一名投资经理，我也没有兴趣向你推销任何东西。本书与具体避险策略的运作方式无关，也不是对避险投资的全面概述。此外，它很少评论当前市场，因为这与本书的观点毫不相关。

本书提供的是我在 Universa 公司解决重大投资问题时明确使用的终极方案。实践是件好事，如果我不将好的解决方案付诸实践，那不就是一个极其危险的信号吗？

我的方法背后有一些基本概念，本书力求以一种简单的方式将它们展示出来。让冰山的八分之一浮出水面，这就是我们需要的一切。（相信我，虽然有时我不得不使用数学，但我尽量避开它们。）我给出了一个兼具逻辑性和实用性的分析框架，以揭开避险投资的神秘面纱，以便观察和思考它们在降低系统性风险方面的价值和重要意义。也就是说，我提供了一个框架，用于严格检验关于避险投资及其存在的假设。

如果通过阅读本书，读者对避险投资的前提有了更现实、更理性的认识，掌握了评估和处理它的依据，从而避开其陷阱，那么本书的目的就达到了。读者将从书中受益，获得相当于书价数倍的回报。投资有得有失，但是当回首往事时，你会发现，真正重要的是打下正确的基础。

出于多种原因,投资的竞技场具有欺骗性,且不公平。我的目标是使其变得略微公平一些。(为表达对这一目标的尊重,我决定将本书的全部销售收入捐赠给慈善机构。)

研究下注

本书源于我多年前开始的探索过程和解决问题的经验。我成长于芝加哥商品交易所,当时那里是金融世界的中心。我是个敢作敢为的穷小子。十几岁时,我师从埃弗里特·克里普,他是"芝加哥贸易委员会的贝比·鲁斯"。他不厌其烦地告诉我,"小损失就是良性损失",风险缓释和生存是交易和投资的全部。他的话至今仍然正确:妥善处理损失,盈利随之而来。盈利只与损失有关;保护你的资本基础,确保正确的游戏方式,留在游戏中。不做预测。

道理显而易见,只不过人们并不真正关注损失,尤其不关注发生重大损失的可能性。根据我的经验,大多数投资者不能正确思考下跌的影响,他们就是做不到。

20多岁时,我在芝加哥证券交易所做"散户"(或独立)交易员,探索就始于那时的亲身体验和试错实验。(上大学时,我编写了第一个有关投资组合管理的计算机程序,并在交易大厅销售,那是我当时大部分的股本来源。）30多岁时，我在纽约做银行自营业务，还是对冲基金衍生品交易员，探索仍在继续。探索甚至延续到纽约大学柯朗数学科学研究所神圣的礼堂。在启动首个正式的尾部对冲项目时，我和纳西姆·尼古拉斯·塔勒布在曼哈顿街头进行了无数次探讨，后来他成为Universa公司的科学顾问。在策划成立Universa公司那段时间，我与布兰登·亚克金在中央公园险峻的丘陵和山谷间进行过无数次长板滑板速降，这些想法是我们每次见面谈话的重点。后来布兰登成为公司首席运营官。（我的肩膀脱臼了，至今我还在怪他。）

毋庸置疑，我的观点并非绝对原创。我非常感谢我的两位探险家伙伴（我们就像"三剑客"）。

那些年，我们构建了有关下注、大胆猜测和证伪的思想体系，在与运气血战的过程中找到了投资运作的答案。最终，我决定在2007年创办Universa公司，我们将自己的发现和解决方案转化为一种正式、理性和实用的投资方法，该方法可以解决重大问题，帮助我们的投资伙伴实现目标。

我希望读者通过阅读本书，汲取书中的思想精髓，有机会改变对投资和风险缓释的看法。本书将呈现一个完全不同的另类视角，我坚信它是成功投资最有效的视角。它坚决反对被奉为投资界真理的准则。我们要客观思考现代金融界的正统理论和行不通的信条。我们要成为一块璞玉。

需要明确的是，我无意通过淘汰现有的投资模式来改变它。我不喜欢夸夸其谈，不会幻想本书的内容成为"马克福音"。我不希望自己的方法成为投资顾问群体中另一个僵化的策略，这一点很重要。在这个行业里，墨守成规是自取灭亡。那是死亡之吻。我们走的是一条人迹罕至的路，这将让一切变得不同。

我常借用史蒂夫·乔布斯的话，对 Universa 公司的团队说："我们是海盗！不是海军！"（我的团队是衍生品领域最聪明、最精干、最有经验的大海盗。）

什么是避风港？

对于何为避风港，以及为何要投资避风港，每个人都有自己的直观理解。大多数观点认为，它是"危机发生时的避难所"，或者更具体地说，是一种"避险资产"。这些观点都正确。"风险"一词意味着可怕的事情，比如股市崩盘、金融和银行危机、流行病、潜伏的危险等等。因此，风险被循环定义为需要进行安全防范的模棱两可的事物。

简单地说，风险就是暴露在负面突发情况下。多数负面突发事件可能永远不会发生，但它们是有可能发生的。在投资中，负面突发事件会给投资组合造成经济损失。投资风险不仅仅是些理论的、虚假的数值，比如波动率或相关性等等。投资风险是潜在损失，以及损失的范围。仅此而已。

我们面前有许多岔路，这些路百转千回，无法预测。其中一些通畅平坦，另一些则坎坷不平。在所有可能的道路中，我们不知道哪一条是自己要走的唯一的路。这就是风险！

避风港是一种可以降低风险的投资，或者是一种降低投资组合中潜在的负面经济意外的投资。这是避风港存在的必要条件。它可以防止重大损失，这种损失与宏观经济增长和紧缩周期有关，可以同时降临到任何人身上或任何地方。由于它的普遍性和系统性，你不能假设某些资产不会遭受这种损失，从而寄希望于通过组合来分散风险。

请记住：避风港并非某种事物或资产，而是一种收益，可以有多种形式。它可能是金属、选股标准、加密货币，甚至是衍生品投资组合。**无论以何种形式出现，其功能都是保存和保护你的资本，正是这一功能使其成为避风港。避风港是抵御金融风暴的庇护所。**

因此，避险投资即风险缓释。对我来说，这两个术语是同义词，我将在书中交替使用它们。（前者更容易被记住。）

更重要的是，风险缓释就是投资。请把它视为一个基本前提。自下而上投资法的著名倡导者、"价值投资之父"本杰明·格雷厄姆说："投资管理的本质是对风险的管理，而不是对收益的管理。管理有方的投资组合始于这一理念。"他还说："我们斗胆以四个字概括稳健投资的秘密，那就是安全边际。"在风险问题上，没有比这更真实的回答了。对格雷厄姆来说，"本金安全"是区分投资与投机的标准。它让投资实至名归！（1929年的股市崩盘让他痛苦地认识到，所有宏大的理念可以同时灰飞烟灭。）

但这只是关于避风港显而易见的理解，仍未涉及其独特之处。在金融危机中，任何赌徒都可以想出获得良好业绩的办法。避险投资远不止这么简单。二者截然不同，它们之间差异很大，倘若将其归入一类，对避风港的探讨就会失去意义。通常情况下，二者的不同之处远大于相似之处。我们遇到的问题与生物学家在定义一个物种时遇到的问题类似。我们需要一个明确的避风港概念，就像物种概念一样，以便对其进行分类，评估它们是否实至名归。**本书的主要研究方向是：避风港是可分类的吗？它们真的能增加经济价值吗？**

巨大的两难困境

投资者面临一个大问题，即巨大的风险困境。如果承担的风险太大，随着时间的推移，你很可能会失去财富。然而，如果承担的风险太小，随着时间的推移，你也可能失去财富。你陷入了"第22条军规"：做或不做都注定失败。但你总要做出选择。你可以尝试在这两个糟糕的选项之间进行调整，以期找到折中的方法，但这仍是一种糟糕的选择——它不会让原本糟糕的选项变好。现代金融就是在追求这种理论上的折中方法，即所谓的"投资的终极目标"。尽管这种追求勇气可嘉、旗号崇高，结果却表明，"投资的终极目标"只是一个神话。折中方法并不尽如人意，它甚至会导致两个世界中最差的结果。意识到这一点，你只剩下一个真正的选择：大胆预测，然后孤注一掷。

这一巨大困境是所有投资中最重要的问题，也是一个迫切需要解决的问题。这正是我作为对冲基金经理所做的工作以及写作本书的根本原因。该问题的规模和范围太大，因此其利害关系之大也是前所未有的。尤其是较普遍的资不抵债问题，它既涉及庞大的资金池，也关系到小额投资人。想一下如今资金严重短缺的公共和个人养老金，它们必须在多年内产生特定的、高目标的收益率，否则，一旦负债吞噬资本，它们就会面临破产。我们不能对其置之不理，任其闲置在不健全投资组合的低风险资产中，或者试图通过分散化来降低风险。然而，根据定义，投资风险更大的资产会带来无法挽回的损失。风险缓释的标准方法无济于事，令所有人失望。问题只会愈演愈烈。这是一枚迫在眉睫的定时炸弹。

无法解决这一巨大困境的后果不仅仅是出现在报纸上的抽象数字。损失是实实在在的：人们的积蓄蒸发了，政府必须征税或使经济极度通胀——这是一场带来切实经济损失的人间悲剧。这并非我的观点，只是简单的数学。

多年来，各国央行傲慢的货币干预，造成全球金融市场的大规模扭曲，导致债务和杠杆盲目积累。今天，这一重大问题变得更加复杂。尽管扭曲的规模前所未有，而且与资金不足问题有着错综复杂的关系，但是这对本书的主题来说并不重要。上述问题超出了本书的范围（我在其他作品中已经进行过大量探讨），最关键的是，它们与本书的内容完全无关。"市场是有风险的"类似于卡珊德拉的预言，属于一种意识形态。我无须通过宣扬它来说服你们接受我有关避风港的论断。这对我们的方法论来说无关紧要。我们可以也将继续坚持不可知论，不去掷骰子。最重要的是，不做预测。

为了找到这个大问题的解决方案，我们需要降低风险的代价，特别是降低损失的代价，我们所使用的方法不能让我们付出更大的代价。换句话说，**我们需要的疗法不能比疾病本身更具杀伤力。风险缓释必须具有*成本效益*。**

阅读本书，我们将学习如何找到解决方案，这就需要我们认识到，并非所有风险都是均等的。原因在于，它们无法全部清晰地体现在会计分类账上。因此，我们需要通过不同的视角和框架，以不同的方式思考损失和投资收益。

像所有事情一样，"美好蕴藏在细节中"。在我们的例子中，这些细节虽然并不十分复杂，但看上去往往违反直觉、自相矛盾。我们将了解到，由于某些突发动态因素的影响，具有成本效益的风险缓释极具挑战性，难度可能超过投资领域的任何其他策略。我们需要谨慎行事。

问题在于，大多数专业人士和学者（甚至是现代金融领域顶尖的量化投资博士）都以一种过度简化的方式对待投资。但是，通过阅读本书我们将了解到，在避险投资中，整体不等于各部分之和——整体往往要大得多。

《资本的秩序》是我的第一本书，具有成本效益的避险投资是该书主题的另一种说法。我经常提及一个概念，那就是"迂回投资"，即以退为进的间接方法，就像孙子和冯·克劳塞维茨使用的策略——

"输掉战役,赢得战争"。短期行为的下策,却成为长期行为的上策。

然而,不做预测怎么可能成功投资?这听起来过于美妙,令人难以置信。这个行业的信条是:投资就是预测收益。大多数人认为,就投资和风险缓释而言,他们需要通过一个神奇的水晶球看到遥远的未来,他们认为,明察秋毫是必要的。事实上,这不仅不可能,而且是对投资的误解。尽管外行很容易做出错误的假设,但就像体育比赛或其他游戏(如扑克或西洋双陆棋)一样,**投资其实不需要做出宏大的预测**。投资甚至与正确的概率无关。即使你将概率算得一清二楚,结果仍然可能很糟糕。投资只关乎获得正确的收益。坚实的防守成就有力的进攻。这样一来,我们有更多的犯错空间和纠错空间,有更多吃一堑长一智的机会。这就是具有成本效益的风险缓释。你感觉自己可以明察秋毫,看起来也似乎如此,但实际上你做不到。

弓箭手一旦将箭射出,就不会试图预测或精确定位它射中哪里。试图预测会导致目标恐慌,是徒劳无益的事情。离弦之箭(甚至是开弓之箭)已不在人的控制范围之内,它容易受到连续的干扰。因此,正如赫立格尔在《箭术与禅心》中所说,通过刻意不瞄准来实现瞄准——磨炼过程和体系(专注于"台下功夫"而不是箭的射程),这样做的目的很明确,那就是让射出的箭逼近靶心。古老的斯多葛派有个概念既适用于投资,也适用于箭术,即控制二分法:**我们需要以一种能让我们更接近目标(更多财富),而非远离目标的方式,控制我们可以控制的事情。**

这便是具有成本效益的风险缓释。尽管自认为能明察秋毫，看起来也好像你总能射中靶心，然而，事实上你做不到。

你看，具有成本效益的避险投资不仅仅是降低风险。它实际上是让你同时承担更多的风险。如果这个脑筋急转弯让你沉思片刻，那很好。理应如此！

第一性原理

我们将从头开始，介绍关于投资的一些基本事实。公元前4世纪，伟大的希腊哲学家（也是世界上第一位真正的科学家）亚里士多德写道，"正确的行路方向始于我们较为熟悉与了解之事"，即始于他所说的"第一性原理"或"产生已知事物的首要基础"。它们是最先存在的，即先验命题或普遍前提。

我们从第一性原理出发，将其作为概念的构成要素，最终形成演绎的、可检验的假设。虽然这些基本原理乍一听平淡无奇，甚至显而易见，但事实并非如此。在对一些专业性很强的课题进行某些反直觉的探索时，它们将变得至关重要。现代金融核心领域普遍存在着错误的启发法，第一性原理能让我们改变甚至利用这些启发法。第一性原理甚至会提供某种存在主义真实性，使我们的投资与信念保持一致——在面对各种外部压力时，"押注于我们的信仰"。

第一个原理是，投资是随时间发生的连续过程。 投资不是静止不变的。它不会只发生在一个时段，也不会发生在多个时段累加的时间内。（据说，阿尔伯特·爱因斯坦曾指出，"时间存在的唯一解释是，任何事情都不会立即发生"。）生命的发展需要时间，投资亦然。我们在时间之河中不断延展。投资和风险是多重周期问题，而收益是一个迭代、倍增的过程。它们是以复利计算的：在一个周期中，我们通常投资的是上一周期留下的资本。就像经过几代繁衍，后代的人数呈几何级增长一样，我们会连本带息让资本增值。这一原理从根本上决定了投资的性质，也决定了我们思考和解释收益的方式。

但是，如果认为第一性原理显而易见，那么你可以试试以下做法产生的反应。试着告诉一位根据年度业绩拿奖金的对冲基金经理：投资是随时间发生的。或者，将这一信息告诉养老基金经理。这些人的工作评判标准完全取决于短期内达到年度基准的能力，而不是符合投资人利益的更长的周期。经济学和行为金融学界某些人士的习惯是，只要在某个周期、某种固定的框架内，行为看起来不是最优的，就给该行为贴上"非理性"的标签。试着将第一性原理告诉他们。如果这么做了，你应该会看到一些有趣的反应。他们会对自己不理解的事情横加指责，他们不是爱因斯坦。而我们需要每天自问：时间在投资中的意义是什么？你将发现，这个问题的答案会改变一切。

第二个原理是，投资只有一个明确的目的或目标，那就是随时间的推移最大化我们的财富。 这就是全部。作为投资者，我们所做的每个新决定都是为了让财富最大化，这是我们要实现的目标。我不是在谈论关于财富的令人费解的数学期望，也不是将我们的财富与某个武断的基准进行比较（尽管很多经理人只关注这一点）。相反，我指的是我们真正实现的期末财富——我们最后实际拥有的财富。（它们不是一回事。）这意味着随着时间的推移，最大化我们的财富增长速度——复合年均增长率（CAGR）。所有投资者都是获得明确收益的复利投资者。我相信任何有思想的人（当然并非所有投资者）都会认同这一原理。这是常识。

然而，一些人仍然会提出反对意见，认为投资的目标应该是促进人类进步，减轻人类负担，造福客户和全世界，而盈利会随之而来。但这只是重申该原理的另一种方式。客户是至高无上的，资本必须为其服务才能盈利。因此，相较于政府或慈善机构，投资和创业在客观上对这个世界更有益。

鉴于理论上具有一定程度的风险，有些人可能仍不赞同这一观点，即投资的目标应该是最大化我们的财富。（如果没有下一个原理，问题会变得有些费解。）既然知道风险缓释就是投资，那么我们可以推断，风险缓释的确切目标与投资的确切目标完全一致：随着时间的推移，最大化财富的复合增长率——换句话说，以具有成本效益的方式降低风险。

这就引出了第三个原理：如果通过降低投资组合风险的低成本方式实现风险缓释策略，那么随着时间的推移，执行该策略将提高投资组合的复合年均增长率。

这么说是有道理的。我们通过刻意控制风险来有效降低风险，其目的难道不应该是减少损失，随着时间的推移，最终获得更多的收益吗？如果最终事与愿违，我们还会为自己的行为感到欣慰吗？目的还能是什么？降低风险还有其他理由吗？

风险缓释如果做得好，相对于成本而言，应该会产生切实的正面经济效益。也就是说，它应该具有成本效益，因而是一个明智的价值主张。所以，风险缓释策略的评估应基于其降低风险的成本效益程度，而不仅仅是基于其降低风险的*有效性*。

当然，我们可能已经降低了从未发生的远期极端损失的风险。然而，这种远期损失随时可能发生，这时我们的风险缓释策略就会派上用场，它能提高复合年均增长率（相较于未采取该策略的情况）。这属于归纳问题，只要有一只黑天鹅出现就能证明"所有天鹅都是白色的"这一陈述为假。当我说具有成本效益的风险缓释会随时间的推移提高投资组合的复合年均增长率时，也意味着它建立在足够宽泛的可观测结果之上，这在很大程度上解决了认识论问题。（我们将在后面的章节中用所谓的自助法来解决该问题。）

有趣的是，风险缓释做得好，随着时间的推移会提高复合年均增长率的原理存在着很大的争议。事实上，大多数业内人士和学者可能会觉得它是个"荒诞的想法"。他们认为，低风险是有代价的，因此风险缓释与高收益是相互冲突的。

一家历史悠久的大宗商品交易公司有一句德语格言："睡得好胜过吃得好。"学者们认为，较低的风险或波动性伴随着较低的收益。他们的说法是，当你将所有相关和不相关的风险进行对冲和分散时，你的收益率会接近无风险的低利率。或者反过来说，学者们认为，为了吸引投资者持有相对不稳定的资产，这些资产的价格会下降，直至期望收益率变得足够高，以证明额外的风险是合理的。"为了获得更高的收益，你必须冒更大的风险；睡得好是有代价的；不入虎穴焉得虎子。"在他们的世界里，这些话听起来既合理又顺耳，但它们都是未经证实的断言。

更糟糕的是，学者们进一步强化了这一观点，他们认为，投资和风险缓释是指降低或调整投资组合相对于其平均收益率（风险调整后的收益率或可怕的夏普比率）的波动性，在无意中牺牲财富增长率。因此，根据自己的理论记分牌，他们声称自己在智识上取得了胜利。然而，他们所谓的胜利具有欺骗性，其观点也是错误的。（这甚至是我们陷入巨大困境的重要原因。）我并不相信大多数投资者都持有这种错误观点。恰恰相反，借用卡尔·荣格的话来说，这种观点控制了那些学者。

投资者需要用有效且实用的记分牌来衡量成功，而不是用不可行的理论记分牌。有效的记分牌只有一个，就像箭靶只有一个靶心。

但我们常常被不必要的数学公式诱导，从而远离了实际目标。现代计量金融学受到科学或物理学的艳羡。美国物理学家理查德·费曼说："物理学就像性：当然，它可能会带来一些实际结果，但那并非男欢女爱的原因。"

实际结果与我们的投资和风险缓释目标一致：通过降低风险使财富增长率最大化。恰当地运用科学方法可以帮助我们实现这一目标。

否定后件推理

人们通常认为，亚里士多德是演绎法的创立者和主要推动者。演绎法是一种"自上而下"的推理逻辑，从一般规则或前提出发，得出特定结论。它与归纳法相对，归纳法是一种"自下而上"的逻辑，其方向是相反的，即从特定案例或前提出发，得出一般规则或结论。**通过观察骰子的几何形状，估计在反复投掷中任意一面出现的频率属于演绎推理。相反，通过反复掷骰子，从结果中估计骰子的几何形状则属于归纳推理。**（在本书中，我们会对这两种角度都进行分析。）

三段论运用演绎推理，从假设前提中得出有效结论。三段论的一个例子被称为"否定后件推理"（modus tollens），它是科学中避免推理错误的主要逻辑方法——费曼将其描述为"避免自我欺骗的方法"。这是一个理想的妄语过滤器（所以，如果你在投资环境中没有见过它，不必太惊讶）。

否定后件推理的形式是"如果 H，那么 O。非 O，因此，非 H"。（H 表示假设，O 表示可观察的事物）。它有两个前提：一个由前件和后件组成的解释性假设，一个可观察的事物；两者合在一起就会得出一个结论，该结论来自前提，合乎逻辑。逻辑是这样的：如果一个陈述为真，那么它的逆否命题也为真。

思考下面这个否定后件推理的例子，它与我的狗"娜娜"有关：

○ 如果娜娜擅长捕捉土拨鼠，我就不会受土拨鼠困扰。

○　我受土拨鼠困扰。

○　因此，娜娜不擅长捕捉土拨鼠。

我们可以看到，否定后件推理的特定作用是证伪或排除某个假设。但无论哪种推理，都无法证实某个假设为真。当把自己提出的假设与一个小前提（一个可观察的事实）匹配时，我们对该假设就拥有了良构检验。因此，否定后件推理是实证科学的逻辑原则，也是科学方法本身；它使我们能够阐明自己的想法，远离纯粹的形而上学。科学的严谨性要求我们能够以这种方式提出、检验，并最终证伪理论或猜想。我们就像侦探一样，尽可能地推翻错误理论，然后一步一步接近真理。这正是夏洛克·福尔摩斯的观点："当你排除了一切不可能之后，剩下的无论多么难以置信，都是真相。"

最重要的是，20世纪奥地利科学哲学家卡尔·波普尔围绕它构建了完整的证伪原则——作为科学和伪科学的根本分界线。波普尔在《科学发现的逻辑》中写道："全称陈述永远不能从单称陈述中推导出来，但能够与单称陈述相矛盾。因此，通过纯粹的演绎推理（借助古典逻辑的否定后件推理），从单称陈述之真出发，论证全称陈述之伪是可能的。这种对全称陈述的证伪是在'归纳方向'（即从单称陈述到全称陈述）上进行的唯一严格的演绎推理。"

到目前为止，我们一直在讨论具有成本效益的风险缓释，好像它是值得我们关注的事物，是存在的事物。甚至说出这个短语都是预先假定其存在。（没有人在投资风险缓释的语境中说"成本效益"，这就是原因所在。你是否注意到这一点？）将结论视为理所当然，等于以尚未证实的假设作为论据。

我们的第三个原理似乎就是如此。然而，该原理只是在说风险缓释应该是什么，而不是说它一贯是什么。具有成本效益的风险缓释仍然只能是理论上的，而非真正的存在。

因此，我们需要将这一原理视为一个条件前提。它是一个解释性假设，表明避风港模式的否定后件三段论。我们将反复检验和审查该假设：

○ 如果一种策略能以具有成本效益的方式降低投资组合的风险，那么添加该策略会随着时间的推移提高投资组合的复合年均增长率。

○ 添加该策略不会随着时间的推移提高投资组合的复合年均增长率。

○ 因此，该策略不能以具有成本效益的方式降低投资组合的风险。

我们拥有的是一个关于避险投资的自然、可检验的猜想。重要的是理解假设检验能做什么，不能做什么。检验只能反驳或证伪这个假设。如果随着时间的推移，一种避险策略没有提高投资组合的复合年均增长率，它就是无效假设——有效降低投资组合风险的策略不成立。如果被检验证伪，它就不是一个具有成本效益的避险策略。然而，我们不能做的是，证明什么是具有成本效益的避险策略。这就是科学方法。

为了说明为什么不能反过来证明，有一点需要注意，我不能反转前提，提出这种三段论：如果一个策略不能以具有成本效益的方式降低投资组合的风险，那么随着时间的推移，添加该策略会降低投资组合的复合年均增长率。这是无效的演绎推理，它把充分条件误当成必要条件。观察到添加策略会随着时间的推移提高投资组合的复合年均增长率，并不能证明这就是具有成本效益的风险缓释。因为该策略可以通过其他方式提高投资组合的复合年均增长率，根本不需要降低风险，甚至可能会增加风险。我们需要更深入地探究这种超常表现的根源。（正如海明威所说："反对邪恶并不能使你成为好人。"）

这是肯定后件谬误：如果"O为真"，那么能得出"H为真"的结论吗？肯定的回答是一个常见错误，即使在物理学领域也屡见不鲜："如果我的理论是正确的，那么我们将观察到这些数据。我们观察到这些数据，因此，我的理论是正确的。"

在娜娜的例子中，如果我没有受土拨鼠困扰呢？我能自豪地说娜娜擅长捕捉土拨鼠吗？毕竟，我没有受土拨鼠困扰，可能的原因有很多。也许它们被当地的狐狸吓跑了，也许我儿子经常穿着吉利服在树林里持弓狩猎。

同样，我们也会误将充分条件当成必要条件，出现否定前件谬误。在这种情况下，我们可能会得出结论，即已知娜娜不擅长捕捉土拨鼠，因此其逻辑结果是我受土拨鼠困扰。

所有知识都是一种假说，是猜测的和暂时的，只能被证伪，永远不能被证实。

科学方法的关键在于，我们如何选择要加以检验的假设。尤其要避免那些仅仅与我们的观察相符的特定性假设。我们所需的逻辑解释应该独立于这些观察，并在这些观察之前形成。

对待科学知识不仅要知其然，也要知其所以然，两者同样重要。

"娜娜擅长捕捉土拨鼠"是我的假设，其背后的演绎思维非常重要，因为我会一直将其作为可行假设，直到成功地证伪它。我是否有严密的演绎推理去证明，娜娜的捕鼠技能（如果存在）真的会让土拨鼠消失？无论是否擅长捕鼠，夏天娜娜喜欢睡在室内吗？（作为一只伯恩山犬，娜娜喜欢雪和空调。）娜娜经常追土拨鼠，还是被土拨鼠追？

演绎的骰子

风险缓释是提高复合增长率的原因和方式，要理解这一点，我们需要一个严密的演绎框架。这是可能的吗？我们如何预测风险缓释具有成本效益？它背后的机制是什么？当观察到这种能力时，我们该如何识别它？

影响投资和市场的因素很多，想要根据这些纷乱的数据解释风险缓释，我们可能会陷入困境。因此，我们需要从演绎的角度找出产生假设的机制。仅仅表明一种策略能增加财富是不够的！它应该是具有成本效益的风险缓释。我们需要了解实现目标的要素。

我们所能掌握的最好的演绎工具，正是古往今来人们所使用的演绎工具。我们利用它来发现并理解概率论和风险的形式化概念。

考古发掘发现了公元前5000年山羊和绵羊的距骨（或踝骨）。这些四面体的骨头是最古老的赌博工具。我们更熟悉的六面体"骨头"出现在公元前3000年。显然，作为命运、机会，甚至是技能（现代双陆棋的远祖）的产生器，骰子已经深深根植于人类文明史。就历史的深度和广度而言，它不仅普遍存在，而且已成为集体无意识的一部分。

然而，骰子从出现到成为演绎推理的直观教学工具，进而引发概率论，经历了很长一段时间。直到概率论出现，人们才能够更好地理解赌注。早在公元前4世纪，亚里士多德就在不经意间指出，虽然掷出几次幸运的骰子很容易，但经过1万次反复试验，上帝的干预是注定的，骰子的运气是均等的："可能之事是大多数情况下发生之事。"想象一下，这是多么富有革命性的思想！但古希腊人和古罗马人从未真正理解这一点，他们甚至从未费心确保骰子六个面的对称性。如果一切都是命中注定的，那又有何区别？恺撒的那句名言"骰子已经掷出"并非关于概率的陈述。（尽管我们承认古人有智慧，但如果能回到过去，你会在与他们的赌博中大赚一笔。）

直到17世纪，贵族们才开始聘请伽利略、布莱瑟·帕斯卡和皮埃尔·德·费马做赌博顾问。例如，德·梅雷骑士付出很大的代价观察到，从长远看，用一个骰子投掷4次，以同等概率下注掷出点数6是有利可图的，而用两个骰子投掷24次，以同等概率下注掷出两个点数 6 则无利可图。（1952 年，经过花费不菲的假设检验，著名的纽约赌徒"胖子布奇"重新发现了同样的演绎性事实。）

那时，概率就是演绎推理，从产生器（骰子）的已知属性开始，带着对特定结果的预期进行推理。对概率推理来说，重复性是隐含的必要条件。频率学派认为，概率的确切含义是在多次试验中出现的频率。这是庄家的逻辑，是赌场的逻辑。当数学家使用巧妙的手段打败堕落的赌徒时，概率论才真正到来。这些数学家是最早的量化分析专家——处于风险中的货币可以激发创新。（见鬼，我是在持有期权头寸后才开始真正思考数学的。）

当然，对风险和风险缓释的理解一直都存在于我们的基因里，毕竟，人类就是这样一路走到今天的。但是，随着我们对概率的认识不断深入，风险缓释的形式不断正规化也复杂化。这种现象最突出的表现是保险创新的增长，这种增长又会进一步促进风险承担和相关创新的爆炸式增长。保险是一种古老的概念，也是人类文明进步的重要组成部分。它始于团结一致和风险共担。例如，通过承诺相互自我保险或分担社区内房屋重置成本等形式，整个小村庄的人分摊了风险。**将个体风险聚集起来是频率学派唯一的视角，它有效地将个体的样本量从 1 扩大到整个社区的规模。**

我们快进到 20 世纪。从这一视角出发，学者之间爆发了一场声势浩大的冲突。新成立的贝叶斯学派和波普尔的倾向理论（概率的含义分别是"信念度"或"倾向"）与头脑简单的频率学派针锋相对。孰是孰非其实并不重要，重要的是使用何种视角。如果你的样本量太小，更糟糕的是，它是唯一且不可重复的，无论你的主观概率是多少，由于样本中有太多的噪声，你几乎都得不到任何信息。你的 N 等于1，你是个赌徒，期待着好运或良机。但是，如果你的成败取决于大量结果，取决于骰子的多次投掷，那么你自然会关心多次投掷的骰子特性。你的 N 很大，你是庄家，通过重复，充分利用"庄家优势"来消除随机性。庄家不投机。正如扑克理论家戴维·斯克兰斯基所写的那样，你"与运气抗争"。

大多数投资者会说（或者至少其行为暗示出），自己是投资中的庄家。93%的人认为自己的驾驶技能高于平均水平。在这两种情况下，他们都错了。

"与运气抗争"——运用我们的"技巧尽可能降低运气的作用"——确实适用于风险缓释。这正是投资领域发起这场战争的方式。对我来说，这就是一切。因此，以演绎法剥丝抽茧，通过探究本质来理解风险缓释是正确的做法。

纳西姆·尼古拉斯·塔勒布认为，操作和思考简化的蒙特卡罗模拟或"替代历史"是解决问题的最佳方式。这是我从他那儿学到的最有价值的思想，尽管他对戏局谬误提出了合理的警告（"赌博和骰子的狭隘世界"与现实世界中难以驾驭的风险几乎没有共同之处）。

毕竟，波普尔将科学视为"系统被过度简化的艺术"。

使用骰子游戏，以演绎的方法逐步构建我的避险投资假设，最大的优势除了认识论上的严谨性，还有就是透明度。你将看到一些貌似违反常识的避险投资。在投资行业中，那些复杂的、不可证伪的（因此也是伪科学的）理论和精心挑选的市场数据以五花八门的方式出现，常常让人一败涂地。你可以了解到，我重视合理的怀疑论。"信任，但要核实"：当事情看起来不对劲儿时，回到起点，回到简单透明的演绎性骰子例证。自己在家里投掷和试验。一切都将水落石出。

正如费曼所说：

> 一般来说，我们通过以下过程寻找新法则。首先，进行猜测。然后，计算猜测的结果，探明如果猜测是正确的，意味着什么。接下来，将计算结果与观测结果直接进行比较，看它是否有效。如果它与实验不一致，那就是错的。科学的关键就蕴含在这个简单的陈述中。至于你有多聪明、你的猜测有多美妙、你给它起了什么名字，这些都无关紧要。如果它与实验不一致，那就是错的。这就是全部道理。

这将是本书的分析框架。

在第一部分中，我们从"基本原理"（先验）开始，借助演绎骰子，直观地构建和检验基本的避险机制。"首先，进行猜测。"在第二部分"验证假设"（后验）中，我们开始基于这些机制，提出可检验的避险投资假设，即我们所期望的运作方式的假设。我们将针对不同的理想化避险投资（我称其为卡通）进行试验或实验，以"计算猜测的结果"。然后，将这些结果"直接与观察结果进行比较，检验它是否有效"，比较方法是对现实世界中各种避险投资进行同样的实验。

我们的目标是尝试以一种有意义且严谨的方式，证伪这一假设，即避险投资（特别是多元化的避险投资）作为一种组合，可以通过降低风险来增加财富。该假设不是必然的结论，毕竟，人们认为这是一个不切实际的想法。

通过这种方法，你将了解到，在风险缓释中什么有效，什么无效，以及原因何在。相较于任何单一的避险投资，这种理解能为你提供更多保护。它将引导你实现投资目标。

想想看，具有成本效益的风险缓释——通过降低风险来提高复合增长率，从而增加财富——其实是投资者的整体目标，是投资管理的真正本质。它正是我们在配置资本时所追求的元目标或意义——是我们不懈追求的深埋的宝藏。

是的，对投资者来说，确实有地下宝藏。具有成本效益的风险缓释解决了我们的重大问题，它告诉我们，巨大的风险困境——高收益和低风险表面上的折中——实际上是一个错误的选择。但是，与其说这些宝藏为知识的非法传播者所隐藏，不如说为有缺陷的现代金融机构所掩盖，被置于僵化的面纱之下。结果，它看上去像一个神话，一个理想化的、难以理解的目标。但这只是因为投资者眼界太狭隘，在错误的地方寻找宝藏。我们不仅需要更全面的方法，还需要一张寻宝图告诉我们该去哪里挖掘。

地下宝藏的存在并不意味着我们一定能找到它。比宝藏更有价值的是我们在探索过程中的收获。

第二章

自然的告诫

瑞士伯努利家族

巴塞尔市位于瑞士北角的莱茵河畔，莱茵河在那儿形成了与法国和德国的交汇点，穿过陡峭的峡谷奔向北海。17世纪，这一地理位置使巴塞尔成为中欧的商业中心。它是一个自由贸易城邦，于1648年从神圣罗马帝国中独立出来。同样，它也是金融和文化之都，是自由思想者的家园，甚至被认为是欧洲政治动荡的避风港。

瑞士的伯努利家族是巴塞尔最显赫的家族之一。该家族虽然主要从事香料贸易，却培养出一对数学家兄弟——雅各布和约翰，他们的出现开创了这个家族的新时代。随着时间的推移，兄弟之间形成了一种著名的数学竞争关系，这种关系无论对他们的智识影响如何，都肯定对二人的职业生涯有利。

在他们共同解决的问题中，有一个叫"最速降线问题"，即让弹珠从坡道上滚下，目标是找到坡道的最佳形状，以实现弹珠的最快滑落。约翰设计了一种非常特别的曲线坡道，从而赢得了比赛——这种设计是反直觉的，因为相较于直线坡道，这条迂回路线需要弹珠途经更长的距离。伯努利兄弟由此研究出无穷小的"变分法"——它总是让缺乏经验的期权交易者陷入困境。

但真正改变一切的却是雅各布（当时是巴塞尔大学的数学教授）。雅各布写了一本书，名为《猜度术》，在其去世后的1713年出版，这对好胜心超强的约翰来说是件幸事。书中阐述的"大数定律"（或他所说的黄金定理）至今仍具有重大意义。简单地说，当一个随机样本的数据越来越多时，你应该期望样本的平均数收敛到产生器（或总体）的真实平均数。例如，投掷均匀（即概率公平）的六面体骰子的次数越多，你在所有投掷中看到6个数字中的任何一个出现的比例就越接近1/6，或16.66%。但伯努利进行了反向推理：从多次试验结果的特性出发，用归纳推理反推出随机数产生器。这一爆炸性发现，开创了形式的统计推断理论，促进了精算科学的繁荣。雅各布将概率从堕落赌徒的实践论证引入需要数学严谨性的领域。

即便如此，雅各布·伯努利也为赌徒的逻辑提供了更多的数学依据，该领域名义上的开创者是亚里士多德、伽利略、帕斯卡和费马。由此，概率和期望的意义可以归结于多次可重复试验的发生频率，而不是单一事件。

雅各布去世后，约翰需要一个新的数学竞争对象，他转向了自己的儿子丹尼尔。丹尼尔也是伯努利家族才华横溢的数学家。他的数学启蒙源于意大利，后因对法罗牌（当时流行的意大利赌场游戏）的分析而备受瞩目。1725年至1733年，丹尼尔在俄罗斯圣彼得堡科学院担任数学教授。回到巴塞尔后，他在巴塞尔大学担任解剖学和植物学教授。

1735年，父子俩因在行星轨道方面的研究共同荣获巴黎学院大奖。然而，脾气暴躁的老父亲无法接受这种分享。约翰觉得这个奖应该属于他一个人，于是将丹尼尔赶出家门（尽管对35岁的丹尼尔来说，也是时候该搬出去了）。父子俩从此分道扬镳，再无交流。丹尼尔后来多次荣获巴黎学院大奖，主要是因为对航海技术的改进，比如提升船体在海上风暴中的稳定性。

1738年，丹尼尔出版了他于1733年就完成的著作《流体动力学》。他在书中提出了伯努利原理，阐述了关于流体流动特性的重大发现。借助该原理，我们可以理解现代飞机机翼的升力。这让约翰非常恼火，他将自己后来的一部内容类似于《流体动力学》的作品追溯到1732年完成。（经过公正的评判，丹尼尔的版本被认为是真正更早的，最终他被任命为巴塞尔大学物理系主任。）

圣彼得堡悖论

同年，即1738年，丹尼尔在圣彼得堡《皇家科学院学报》上发表了一篇论文,题为《关于风险度量的新理论》,论文提出了新的"伯努利原理"。尽管其重要性不逊于第一个原理,却鲜为人知。针对堂兄尼古拉·伯努利提出的棘手问题,丹尼尔给出了一个解决方案。尼古拉是雅各布和约翰的另一位兄弟的儿子(伯努利家族真是人才辈出),也就职于巴塞尔大学。他们以丹尼尔工作的城市命名,提出了"圣彼得堡悖论"。这是简单的骰子游戏改变了我们的思考方式的另一个例子。丹尼尔的解决方案在风险理解、风险感知及风险影响方面意义重大。但无论是当时还是之后,没有多少人理解并欣赏这一理论。然而,未来的几个世纪,它却在不经意间扰乱了经济学家的思绪。

就我们的目标而言,丹尼尔·伯努利对圣彼得堡悖论的解决方案是避险投资的核心。

最初的圣彼得堡悖论涉及一个简单的游戏,只有一个骰子。(后来,包括丹尼尔在内的一些人将尼古拉的骰子游戏描述为掷硬币游戏,但我会保留尼古拉最初的骰子。)尼古拉设想了一场赌博,反复掷骰子,直到骰子上出现某个特定点数,比如1点,这时游戏就结束了。如果第一次掷出的结果不是1点,赌徒将获得1美元(最初是1达克特),如果第二次掷出的结果不是1点,获得2美元,第三次4美元,第四次8美元……每次掷出骰子,赢得的钱都会翻倍,直到1点首次出现。

显然,这个游戏会持续很长时间。你可以想象这样一个场景:你一直在掷骰子,1点从未出现,每次的收益都会翻倍。对于这一连串非常罕见的投掷,持续翻倍足以创造无穷大的平均期望收益或期末财富（更准确地说，其数额是不确定的）。所以，尼古拉提出了一个大问题：你会押注多少钱来玩这个游戏？**毫无疑问，大多数人绝不会押上接近无限期望收益的赌注，甚至根本不会押注太多。这就是悖论所在。**

很明显，这是因为你根本不可能从中获得无限收益——事实上，即使反复下注，你也永远无法获得无限收益。从亚里士多德到伽利略，再到伯努利，所有"赌徒"都认为自己知道如何确定赌注的价码，但在多次掷骰子后，赌注的期望值变得不可靠时，他们不得不接受现实。频率学派遇到了对手。至少看起来是这样。

然而，这种疯狂的无限期望并非重点，它甚至掩盖了真正的重点。大多数关于圣彼得堡悖论的讨论结果是：只要远离无限期望值的赌注，一切就会安然无恙。但别太早下结论。我们不需要无穷大来得到悖论。任何充分正偏态的收益分布（少数非常高的收益结果）都可以导致悖论。因此，我极大地简化了这个游戏，将尼古拉的骰子游戏换成卡通版。在卡通化的过程中，我们不会丢失任何意义（这就是我所说的好买卖）。

改版后的游戏只需要掷一次骰子。根据尼古拉最初设置的奖金大小和频率，我们以类似的值来设置骰子各个面对应的奖金。图 2-1 是骰子游戏的卡通收益概况图，每种掷骰子的结果都对应着相应的奖金：

收益   1   2   6   22   200   1 000 000

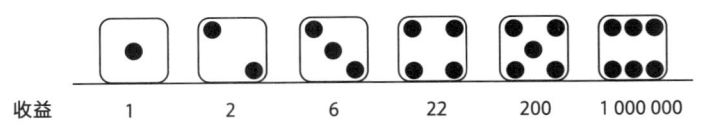

图 2-1 骰子游戏的卡通收益概况图（单位：美元）

现在，我们有了一个简化版的游戏，来了解丹尼尔·伯努利处理悖论的方法。（自此，我们将这一简化版称为圣彼得堡赌博——如果想将从这里学到的一切应用到以后的案例中，你尽可以自己去尝试，你会有更大的收获。）

赌注的算术平均数或期望值是每个可能结果的算术平均数：

- （1+2+6+22+200+1 000 000）美元 / 6 = 166 705 美元

166 705 美元离无穷大还差得很远，但是相对于大多数人愿意接受的押注金额来说仍然很高。（我本可以将掷出 6 点的收益设得远高于 100 万美元，但没这个必要。）如你所见，六次投掷中有五次会让你后悔在这场游戏上押注了近 166 705 美元。

伯努利首先展示了他的第一个原则——赌注的公允价值"取决于估算者的特定情况"，因此需要以玩家总财富的百分比来表示。这意味着你的可承受财富损失（损失带来的伤害程度）比例，决定了你在赌博时所冒的风险。某一损失"对穷人来说比对富人更惨重"，这话言之有理。使前者破产的金额对后者来说可能只是一个四舍五入后可以忽略不计的零头。显然，他们将获得两种截然不同的建议。

假设你的初始总财富为 10 万美元，你决定在一次投掷中下注一半，即 5 万美元。（顺便说一句，你有沉迷赌博的问题。）每种掷骰子的结果对应的情况如图 2-2 所示：

初始财富	100 000	100 000	100 000	100 000	100 000	100 000
赌注	−50 000	−50 000	−50 000	−50 000	−50 000	−50 000
收益	+1	+2	+6	+22	+200	+1 000 000
期末财富	50 001	50 002	50 006	50 022	50 200	1 050 000

图 2-2 圣彼得堡赌博的期末财富（单位：美元）

这里没什么新发现。你的期末财富平均数或期望值是 216 705 美元（平均收益与之前相同，为 166 705 美元，加上你 10 万美元的初始财富，再减去你 5 万美元的赌注）。216 705 美元比 10 万美元的初始财富要高，但你仍然不太可能押注 5 万美元玩这个游戏，因为你可能会在六次投掷中的五次损失近 50% 的财富。但究竟下注多少并无惯例。如果你的下注金额不是 5 万美元，那该是多少呢？

平均效用

伯努利在 1738 年的论文中提出的核心概念是一种奇特的数学评估，他称其为平均效用（emolumentum medium）。当他的论文最终由拉丁语译成英语时（令人难以置信的是，直到 1954 年才出现英译版），emolumentum 被译为"效用"（utility）或"道德"（moral），因此 emolumentum medium 被译为"平均效用"（mean utility），甚至"道德期望"（moral expectation，借用瑞士数学家加百列·克莱姆的叫法）。

然而，emolumentum更准确的翻译是"优势"（advantage）、"效益"（benefit），甚至"利润"（profit），medium的意思是"中间的""平均的"，或者更确切地说是"在中间"。（如果伯努利的emolumentum medium指的是类似于圣彼得堡赌博中潜在利润范围的中间值，那么，其发现就非常有价值。我们稍后会了解这一点。）

尽管伯努利的方法被经济学家以"边际效用递减"的形式忽视了一个多世纪，但最终开始渗透到经济学领域。边际效用递减意味着你拥有的某物越多，下一个新增单位对你的意义就越小。反之亦然，你拥有的某物越少，下一单位的损失对你的意义就越大。这适用于食物、房子、鞋、手机、法拉利、山羊等等（好吧，也许不适用于山羊）。我们可以用"财富"来替换"某物"，将其一般化。我认为，"边际效用递减"的最佳描述来自我的间接投资合伙人伊恩·弗莱明。在其著作《太空城》中，他写道：

> 睡前，他陷入了深思，思考着一直萦绕于心的问题：牌桌上的胜利。赢家的收益总是比输家的损失少，这一点颇为奇怪。

从某种意义上说，伯努利已经预见到风险厌恶。尽管人们没有意识到，伯努利的发现确实让风险厌恶成为一种赘述。"一鸟在手胜过二鸟在林。"但当你的鸟以复利计算（或繁殖）时，倘若你在尝试获得两只鸟的同时失去了一只，那么你损失的就不止两只了。

边际效用递减概念是边际革命的一个基本原则，尽管发起人并没有提到伯努利。边际革命指的是 19 世纪 70 年代早期，从古典经济学到现代主观价值理论的重大转变。人们通常认为，边际革命是由奥地利的卡尔·门格尔、瑞士的里昂·瓦尔拉斯和英国的威廉姆·斯坦利·杰文斯独立发起的。在边际革命的创新中，这三位经济学家解决了所谓的水与钻石悖论：为什么水对生命至关重要，而钻石的市场价格却比水高？某物的价值与我们的拥有量有关。一般来说，人们可获得的水量超过了满足各种用途的需求，因此，水的市场价值"在边际上"极低。但如果在沙漠中快要渴死了，你肯定会用钻石换一杯水。随着库存的增加，特定商品的边际效用递减。这个想法听起来很简单，但如果没有它，经济学家就很难解释市场价格。

边际革命的早期先驱者并没有真正接纳伯努利的框架，因为他们在确定性而非偶然性的背景下发展了效用和价值的新方法。直到 1944 年，冯·诺伊曼和摩根斯坦发表了关于博弈论的著作，不确定情况下的行为建模才开始成为前沿和核心。与伯努利一样，冯·诺伊曼和摩根斯坦假设理性主体通过最大化某个目标函数的期望值来处理不确定性。时至今日，经济学家仍将这种目标函数称为伯努利函数，或冯·诺伊曼-摩根斯坦效用函数，以此向该方法的提出者致敬。

有些人认为，伯努利主张所有人都在特定的效用函数下活动。这一观点让伯努利在去世后的多年里遭受了许多不公平的抨击。伯努利的目标函数甚至常年被用作累进所得税的理论依据——无论是否公平，他都被贴上了这样的标签。他甚至受到奥地利著名经济学家路德维希·冯·米塞斯和穆瑞·罗斯巴德等人的嘲讽，他们将愤怒集中到伯努利以函数形式表现的特定应用上。然而，在我看来，这些人忽略了他更广义的观点——该观点与奥地利学派完全一致。

伯努利的创新在于对其常识性见解的简单扩展，即盈亏必须以某人的总财富来衡量，因此"增加的财富无论多么微不足道，都将导致效用的增加，而它与已有的财富总量成反比"。（想一下：如果史高治·麦克达克赢了100万美元，他可能不会注意到。但是，如果街角的流浪汉赢了100万美元，甚至10万美元，那就有可能改变他的生活。他们获得的财富价值是相对于已有财富而言的。）

伯努利将这一概念转化为一个简单的函数形式。当这种关系在无穷小的增量上积分，或者转化为连续情形时，我们就得到了（自然）对数：

- 效用的变化 $= \dfrac{b \times \text{财富的变化}}{\text{财富}}$，因此
- 效用 $= b \times \log(\text{财富}) + a$

简单地说，效用是**财富的对数**。（用专业术语说，它与财富的对数成正比，而 a 和 b 的值对我们来说并不重要。）

伯努利用以下"基本规则"定义其平均效用：

> 如果将每个可能的期望利润的效用乘以它可能发生的次数，用乘积之和除以可能情况的总数，就会得到一个平均效用，与之对应的利润就是相关风险值。

用数学术语来说，伯努利的平均效用（EM）是所有可能的期末财富对数的平均数。在圣彼得堡赌博的例子中（我们拿出总财富10万美元的一半来下注）：

- $EM = \dfrac{\log 50\,001 + \log 50\,002 + \log 50\,006 + \log 50\,022 + \log 50\,200 + \log 1\,050\,030}{6}$

"与此效用对应的利润"就是所考虑的伯努利"值"，即伯努利期望值（BEV）。（对受过数学训练的人来说，为了从对数映射回利润单位，他们需要指数，或者对数的反函数）：

- $BEV = e^{EM}$
  $= e^{\frac{\log 50\,001 + \log 50\,002 + \log 50\,006 + \log 50\,022 + \log 50\,200 + \log 1\,050\,000}{6}}$
  $= 83\,114$ 美元

现在，你明白了，取所有可能的期末财富结果的对数的均值的指数，你就得到了在这场赌博中你的财富的伯努利期望值。说起来很拗口，但真的很简单。

让我们进一步简化：当你的总财富为10万美元时，不要在圣彼得堡赌博中下注5万美元，因为基于赌博后可能的期末财富结果的对数的均值，下注5万美元的伯努利期望值低于你的现有财富（目前10万美元的财富比83 114美元的 *BEV* 还要多）。换句话说，在10万美元的确定财富和83 114美元的圣彼得堡赌博期望值之间做出选择，你显然会选择10万美元。因此，对初始财富为10万美元的人来说，在骰子游戏中下注5万美元会让他们变得更穷。

几何平均

伯努利似乎对风险感知给出了一种心理学解释，创造了各种机会让人们体验理论和数据的数学折磨。你可以大致了解到，多年来学术界是如何处理这一问题的（具体来说，经济学家认为伯努利假设人们拥有财富的对数效用函数）。但是伯努利真正的想法与此截然不同。

他对对数函数的使用并非一种随意的假设，也不是想给人留下运用深奥数学的严谨印象。相反，它是基于真实世界的物理现实。让我们来了解一下其中的含义。

对数函数可以追溯到大约4 000年前的巴比伦人，更正式的说法是，源于17世纪的瑞士钟表匠比尔吉和苏格兰数学家纳皮尔。他们发现了（正数）乘法和加法之间简化的映射关系：加（或减）两个数的对数，就可以得到这两个数乘积（或比率）的对数；类似地，将一个数的对数除以 n，可以得到该数的 n 次方根的对数。（直到今天，对数仍然被用于这一目的，如计算尺的功能一样，它可以帮助古代学者快速地将乘法问题简化为加法问题。）

你看，从乘法到加法的映射轻松地让我们将伯努利的期望值公式**重述为更易理解、更有意义的几何平均：**

$$BEV = e^{\frac{\log 50\,001 + \log 50\,002 + \log 50\,006 + \log 50\,022 + \log 50\,200 + \log 1\,050\,000}{6}}$$
$$= (50\,001 \times 50\,002 \times 50\,006 \times 50\,022 \times 50\,200 \times 1\,050\,000)^{1/6} \text{美元}$$

如你所见，几何平均是相乘的。不同于将所有数据点相加的算术平均，在几何平均中，我们将它们全部相乘。然后，我们需要缩小尺寸。在算术平均中，这一步是通过将加法总和除以数据点的数量（假设有 n 个数据点）来实现的。在几何平均的情况下，这一步是通过取其乘积的根来实现的（具体地说，是 n 次方根，或者乘积的 $1/n$ 次方）。几何平均无疑是算术平均的配角，因为人们通常只会关注算术平均，它是我们在使用"平均"这个术语时所想到的。然而，就投资而言，几何平均不应该再充当次要角色。

别担心这里的数学问题。重要的思想是，一场赌博的伯努利期望值只是*所有*可能的期末财富结果的几何平均数的数学等价物，是以对数形式包装的巧妙的目标函数。

伯努利没有明确说明这一切是如何运作的，但他依赖于这一方法。这是他的全部观点。正如伯努利所说，他的平均效用"暗示"了一条规则，即取期末财富的几何平均数，不必直呼其名，也不必为其提出更多的经济案例。关于使用几何平均数来评估风险性赌注的问题，他甚至这样写道："该方法既实用又有独创性，如果不是因为之前的职责限制了我，我会像传统分析一样，将其阐述为一个完整的理论。"

最终，伯努利冒险将财富结果的几何平均（而不是期望值或算术平均数）作为"衡量风险价值的基本原则"。他是该理论的创始人，后来的事尽人皆知，这里就不赘述了。在接下来的章节中，我们将看到，它真正改变了一切，尤其改变了我们对风险缓释的理解。

但现在，让我们回到之前提出的问题。在圣彼得堡赌博中，你愿意付出的最大赌注是多少？假设初始财富仍是10万美元，我们可以再举几个例子。

我们已经确定你有赌博成瘾问题，这次你破釜沉舟，把10万美元都拿来下注。图2-3是可能的期末财富结果及其几何平均数：

糟糕，仅仅61美元。如果只下注财富的10%，即1万美元会怎样？如图2-4所示：

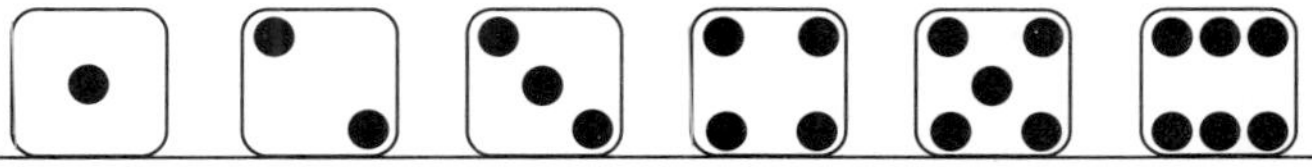

初始财富	100 000	100 000	100 000	100 000	100 000	100 000
赌注	−100 000	−100 000	−100 000	−100 000	−100 000	−100 000
收益	+1	+2	+6	+22	+200	+1 000 000
期末财富	1	2	6	22	200	1 000 000

算术平均数：166 705
几何平均数：61

图 2-3 可能的期末财富结果及其几何平均数（单位：美元）

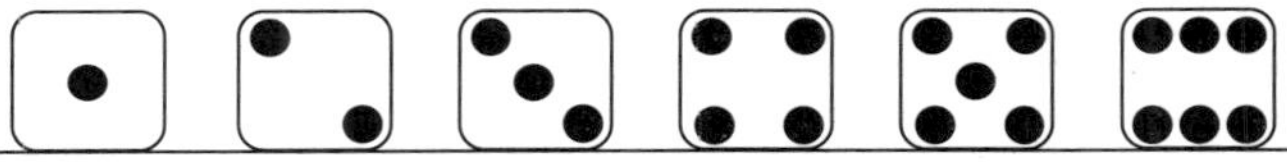

初始财富	100 000	100 000	100 000	100 000	100 000	100 000
赌注	−10 000	−10 000	−10 000	−10 000	−10 000	−10 000
收益	+1	+2	+6	+22	+200	+1 000 000
期末财富	90 001	90 002	90 006	90 022	90 200	1 090 000

算术平均数：256 705
几何平均数：136 445

图 2-4 只下注财富的 10%（单位：美元）

现在你的几何期望值是 136 445 美元，终于比你的初始财富 10 万美元高了，这很好。我们可以继续尝试更多不同的赌注（以初始财富 10 万美元的分数值表示），将结果绘制在图 2-5 中，然后查看每次下注后期末财富的几何平均数。期末财富期望值超过 10 万美元的点是赌注的公允价值，以 10 万美元的分数值表示。

在初始财富为 10 万美元的情况下，基于所有结果几何平均数的盈亏平衡，在圣彼得堡赌博中，赌注的公允价值为初始财富的 37.7%，即 37 708 美元。以这个金额下注，你才有利可图。

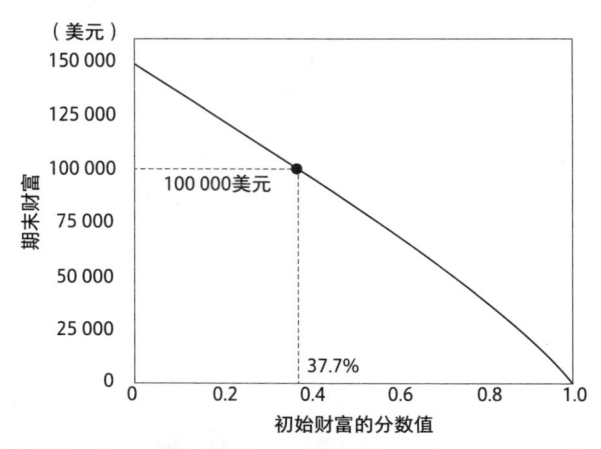

图 2-5 在初始财富为 10 万美元的情况下，圣彼得堡赌博的赌注公允价值研究

另一个圣彼得堡悖论

伯努利将圣彼得堡悖论的解决方案放在论文结尾，只占很小的一部分。他的主要关注点是方法论。在论文中，伯努利简要提到了另一个鲜为人知的悖论，这是一个更实用的案例研究，也更惊险刺激、妙趣横生。

该问题涉及一位圣彼得堡商人，他在阿姆斯特丹购入货物，想将其运回圣彼得堡，以获得可观的利润。但将这些货物经波罗的海运往约 1 100 海里之外的圣彼得堡，面临着巨大的财务风险。这听上去是一段不错的旅行，但那时毕竟是海盗的黄金时代，可怕的丹麦人，"波罗的海的杰克"经常驾驶"猝死号"海盗船，抢劫进出圣彼得堡的货船。(他是一个罕见的、真正毒辣的海盗,在弄沉被截获的船只之前,他会将所有受害者赶到甲板上,让他们与船同归于尽。)考虑到这种状况,商人该如何具有成本效益地降低风险?

假设这位圣彼得堡商人打算出售的货物净值(扣除运费等)为1万卢布,此外,他还有3 000卢布的积蓄。(这是一笔杠杆交易。)货物在圣彼得堡售出后,他的总财富为1.3万卢布。通常情况下,每100艘从阿姆斯特丹开往圣彼得堡的船只中,就有5艘被海盗劫持或被海上风暴摧毁,即这个商人损失1万卢布的概率为5%。或许某些风险缓释措施会派上用场,比如保险。打个比方,商人能找到的为其1万卢布货物投保的最佳保费是800卢布(他认为"高得离谱!"),一点儿都不划算。他的判断似乎是对的:根据历史数据,这份合同的精算期望值是$(-800 \times 95/100) + (9\ 200 \times 5/100) = -300$。这的确会消耗他1万卢布货物的期望收益。如果不降低风险,这次海运的风险可能会超出他的承受范围。但保险业似乎是输家的游戏,只是在利用客户的恐惧。正如计算所示,收取的保费高于精算的"公允"金额。圣彼得堡商人面临着风险的两难困境。

于是,他考虑了其他风险缓释策略,比如分散风险。事实上,伯努利强调这是其方法论的逻辑推导。(因此,有人认为伯努利是"分散化"概念的首创者,该说法是正确的。巴塞尔大学比芝加哥大学早200年提出了这一概念——抱歉,孤陋寡闻的人。)伯努利提出了一个聪明的建议:"明智的做法是,将有风险的货物分成若干份,而不是将其全部置于风险中。这是一条规则。"

对圣彼得堡商人来说，分散风险说起来容易做起来难。他与合作多年的托运人达成了合理的运费交易。如果终止合作，转而委托其他托运人运送数量较少的货物，他就要支付更高的运输成本。更重要的是，波罗的海不是大西洋，来往的船只较少，可选航线也不多。幻想老杰克会让几艘船安然无恙地驶过，那可太天真了。即使幻想他们隔几天选一艘船来抢劫也几乎是天方夜谭，任何分散价值都可能被夸大。（这与今天金融市场分散化的缺点惊人地相似，我们将在后面讨论。）海盗和天气的风险分散就别去想了。

我们的这位商人只能租一艘船，只能面对杰克船长和波罗的海的威胁。当这艘船离开港口时，随后可能发生的所有事情只会有一个结果。换句话说，他只能从庞大的可能性样本空间中抽取一个结果。（他的 N 等于 1。）当然，他希望自己在商贸生涯中有不断押注的机会，从而随着时间的推移实现分散化，但一次 1 万卢布的损失真的会让他一败涂地。降低风险的其他方法是，用一艘较小的船装载较少、较廉价的货物，或者将其部分利益让给合作伙伴。有时候，这可能是一个好策略。他甚至可以决定不起航，让船停在港湾。但他相信，一定有更好的办法。他不想打退堂鼓。让自己暴露在公海及潜伏其中的海盗的风险之下，是他保持成功商人身份的唯一方法。他将自己的座右铭挂在圣彼得堡办公室的墙上："停在港湾里的船是安全的……"

（约翰·奥古斯都·谢德后来写下了它的下半句："……但那并非造船的目的。"）

商人需要对自己的财务命运下注。他日夜不休，根据"猝死号"的行踪和航行模式报告，以及大量的天气报告和天气预报，策划着波罗的海的航线。他将此视为自己的寻宝图，用来为贵重的货物导航，以避开险恶的海盗和风暴带来的财务灾难，到达大洋彼岸的避风港。但是，所有的努力最终不过是螳臂当车。

如果这位商人研究的是丹尼尔·伯努利的理论，而不是那些不实的海盗情况报告和天气预报就好了。

伯努利的框架本可以为他提供直觉，解决反直觉的问题：我们从总财富开始，商人有 3 000 卢布的积蓄，加上他在圣彼得堡出售货物后能得到的 1 万卢布，总和是图 2-6 中的 A 点。接下来，我们减去 800 卢布的保险费，从 A 点移动到 B 点，从 B 到 C 的垂直线是对数成本。（你可以在右侧看到放大图）这是保险成本。从 A 点到 D 点是潜在损失，即货物的海运总损失 1 万卢布，其对数成本由 D 到 E 的垂直线表示（被截获的商船沉入深海）。

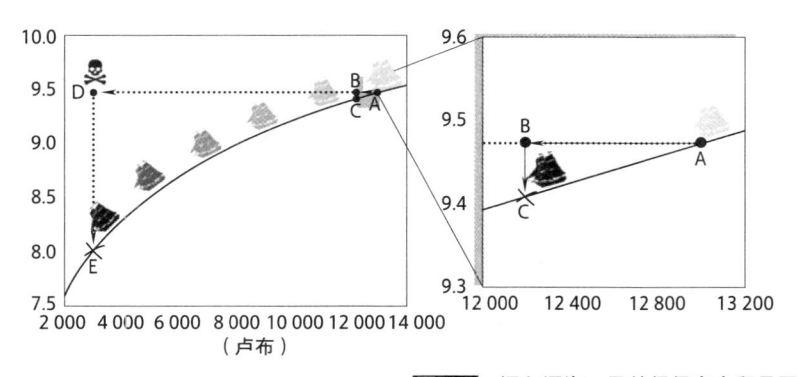

图 2-6 沉入深海：圣彼得堡商人贸易图

水平线上从 A 到 B 的 100 次损失（100 次海运的保险成本）之和超过了从 A 到 D 的 5 次损失之和（预计 100 次保险有 5 次索赔）。均差为 –300，这是商人购买保险的期望损失（以及给保险公司的期望精算利润）。然而，垂直线上从 B 到 C 的 100 次损失之和没超过从 D 到 E 的 5 次损失之和，二者甚至相差很大。这表明，以 800 卢布的价格购买保险消除了 1 万卢布的损失，这将对商人所有可能结果的几何平均数产生影响。

这就是我所说的"**圣彼得堡商人贸易**"（尽管对可怜的商人来说，它仍是一个谜）：它是一种风险缓释策略，可以降低投资组合中的正当风险，从而防止其跌入对数曲线。在合适的价格下，它本身可能会赔钱（在本例中，平均每次海运的损失是 300 卢布），却会提高投资组合的复利率和期末财富。

这就是圣彼得堡商人贸易的决定性因素：其风险缓释的算术成本被几何效应大幅冲抵，因此其**投资组合净效应**为正。让它再发酵一会儿吧。

如果没有几何平均数的对数捷径，这种投资组合净效应真的难以想象，更不用说相信它了。事实上，它太难理解，以至我们的圣彼得堡商人忙着策划他的航线，根本没有注意到这一点。

请注意，在对数图上，如果你曾经遭受过一次 100% 的单周期损失，在 x 轴上一路向 0 跌落，跌至曲线之下，那么游戏就结束了。你失去了所有财富，未来的利润也无法弥补。当一连串的总收益不断以复利相乘，只要有一个"0"，整个结果就都归零了——这就是为什么当x趋于0时，x的对数趋于负无穷大。简言之：赌上全部，输掉全部——再也无法起死回生。

相比之下，如果我们计算的是算术平均数，那么加上总收益0并不是灾难性的，它只是把平均数拉低了。

算术损失（由水平线表示）只是一种幻觉，只存在于永恒的世界。因为这些水平线上的增量损失在以复利算计的情况下并不相同，它们在商人的会计账本上不是简单的相加——这就是他对正确的会计核算视而不见的原因。

而垂直线上的损失才被真正加到了商人的期末财富上。商人只关注水平线的利润和损失，将其相加（或平均），得出结论：这种风险缓释是一种净成本。他相信，自己要付出比保险"精算价值"更高的费用。

他没搞明白的是，通过将垂直线上的利润和损失相加（或平均），他得到的是财富的真实情况。他也不明白，为什么购买（看似）"定价过高"的保险是值得的。

像伯努利那样，以可能结果的几何平均数来分析该案例，我们可以对商人不投保与投保的情况进行对比。投保情况下的几何平均数是3 000卢布加上1万卢布的收益（该收益要么通过出售货物获得，要么来自保险公司）减去800卢布保险费，即3 000+9 200=12 200卢布。另一方面，如果没有保险，其几何平均财富是3 000卢布加上95次海运的1万卢布，而在5次海运中，他只能得到原来的3 000卢布（1万卢布的货物被杰克船长抢走了）。因此，就像在圣彼得堡赌博中一样，我们得到伯努利几何期望值：

- $BEV = [（3\,000+10\,000）^{95} \times （3\,000）^{5}]^{1/100} = 12\,081$ 卢布

奇怪的是，保险合同并非零和博弈。商人有几何期望值收益（从 12 081 卢布到 12 200 卢布，或每次海运多得 119 卢布），保险公司有精算算术期望值收益（每次海运 300 卢布）。因此，接受保险合同，商人和保险公司都能获益（在双方各自的框架下衡量）——这是一种双赢，一种互惠互利的协议。

商人并不知道，保险费既高得离谱，又低得离谱——两者同时存在。这就是第二个圣彼得堡悖论。

现在，从经济学的角度思考几何平均数在该案例中的含义。算一下商人在每次海运中获得的利润，即从这次海运所需的资本投资中获得的总收益。总收益率是期末财富除以初始财富，期末财富等于初始财富加收益。

比如，他需要为获得 1 万卢布的货物销售收益投资 8 000 卢布。这意味着他的初始财富为 3 000+8 000 =11 000 卢布。如果成功，他最终会得到 3 000+10 000 =13 000 卢布，总收益率为 13 000/11 000 =1.18（或 18% 的利润）。但如果失去了货物，他最终只能得到 3 000 卢布，总收益率为 3 000/11 000 = 0.27（或 73% 的损失！）。

当然，我们的商人在圣彼得堡卸货后并不会收手。这是他的生意，他打算做到不能做为止，他要在一次次海运上不断下注。其目标

是以复合方式来增加资本，即在下一次海运所需资本的基础上加上（或减去）之前的每一笔盈利（或亏损），从而实现资本的几何级增长。复合和几何级指的是某物的数量与该物成比例地变化或增长，比如商人的财富。复合增长或几何级增长就是乘法增长，由收益的几何级数表示，其中每个后续结果都由前一结果乘以下一总收益来确定。（这是与总收益率打交道的美妙之处。）每次输出都成为新的乘法输入，它是一个递归映射。

如果商人的总收益率为 0.27，或损失 73%，他需要 270% 的利润才能实现盈亏平衡。这是一种隐性财富税。（因此，他的海盗情况报告和天气预报最好是准确的！）情况越来越糟糕，损失越来越惨重，如图 2-7 所示：

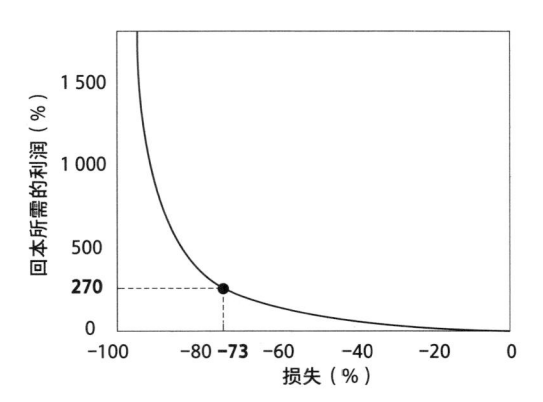

图 2-7 隐性财富税：损失越大，回本所需的利润越大

这只是思考对数图意义的另一种方式。（水平翻转这条曲线，它会变成对数曲线。）

假设商人在接下来的100次海运中，有5次全部损失（与预期完全一致）。在这种情况下，每批货物的几何平均总收益率——或者大家更熟悉的复合增长率为：

- $[(1.18)^{95} \times (0.27)^5]^{1/100} = 1.098$

果然，他的初始资本11 000卢布乘1.098等于12 081卢布，这是他在一次海运后的几何期望财富。（这些总收益率的计算假设是，商人在每批商品上的再投资占总财富的比例相同，我们不必担心这一点。）

每批货物在不投保的情况下，他可以期望财富以9.8%的速度增长，这么做风险很大。在投保的情况下，他的财富会以12 200/11 000=1.11（即11%）的速度增长——他将在无风险的情况下实现更高的收益率。

这是一个奇怪的概念，很多保险从业者可能都无法完全理解。（现代金融投资从业者肯定不能理解。）这应该会让你大吃一惊。在这个例子中，我们已经看到，投资一份可能会产生期望损失的资产（保单），可以在消除投资组合中所有风险的同时，提高投资组合的期望收益率。我们的例子与金融学者奉行的一般规则之间的差异一目了然。

这正是几何平均数真正具有经济意义的地方：提升价值的不仅仅是对一批货物的押注，而是这一结果对后续持续押注产生的迭代、倍增影响！巨额亏损不成比例地降低了商人的几何平均收益率，因为这导致他只能在更低的赌注或资本基础上进行再投资和复合增长。而当他用保险来抵御风险时,对数损失显示了真实(更高)的增值。

可悲的是,这位圣彼得堡商人永远不会知道,因为他从不以这种方式思考。

其中的奥妙是,如果要赌一把,你最好在同一场赌博中反复下注,多次以复利计算——永不放弃——不管你是否真的愿意。无论赌一次还是 100 万次,几何平均收益率都是最重要的。

曲线的凹性

显然,伯努利本可以只谈论"几何平均数",然后就此打住(这会让几代经济学家免于陷入效用理论的兔子洞)。他的对数目标函数只不过是学究的小把戏。那又怎么样?我们不需要数学捷径和计算尺,只需要输入数字,然后继续前进。

在使用对数函数的过程中,伯努利为我们提供了一种思考问题的方法,该方法可能无法自然而然地获得。正如我们在"圣彼得堡商人贸易图"中看到的——算术收益率转变为几何收益率,对数函数使我们能够更好地思考几何收益率的持续、递归累积。它让以复利计算的数学变得直观,让我们能够正确地看待和思考初始收益——随着时间的推移,它会影响我们的财富。如果没有这张图,我不确定我们是否会以这种方式思考。

这正是伯努利使用对数函数的意图。我们不再像以前那样，简单地以原始的、线性的、算术的形式，一次一结地将收益或损益视为"只关乎自身"的独立事件。我们需要通过对数函数的透镜来看清收益的真相。换句话说，通过几何平均数来看待收益。

但问题是，算术平均的数学是直观的，复利的数学却不太直观。我们的损益和所有会计账本的核算方式都是算术的，我们也以算术的方式体验生活——一件事接着一件事。线性思维和几何思维差异巨大，这种差异对我们理解风险，以及理解损失对财富的灾难性影响至关重要。但这是非常反直觉的。你面对的是一个不易理解、令人不悦但极其重要的事实：

> 你的原始线性收益是一个谎言，你的真实收益是扭曲的。

伯努利所提倡的通过对数函数计算收益的方法是规范的，而非实证的。以期望财富或收益的几何平均数而不是算术平均数作为决策的基础，伯努利向我们展示了我们应该如何看待风险，而非我们必须如何看待风险。这正是经济学家误解他的地方。

事实上，1979年，行为经济学家丹尼尔·卡尼曼和阿莫斯·特沃斯基提出了一种不确定性下的决策理论，即前景理论。该理论认为，人们的边际效用像对数函数一样，随着收益的增加而递减，也随着损失的增加而递减（这一点与对数函数的边际效用随着损失的增加而增加完全矛盾）。如果前景理论是正确的，它就可以解释人们不按伯努利的建议行事的原因（至少在投资中）——因为他们没有伯努利所推荐的目标函数，也可以解释人们经常忽视重大风险的原因。（解释不需要宏大的阴谋论，只需要一点儿人性。）

作为投资者，我们所做的是对这一对数目标函数进行数学优化，从而最大化我们的几何收益率。这种数学最优化是一种损失或成本函数，它将原始收益映射到投资组合的复利和成本上。因此，目标是最大化损失函数，或最小化成本。

以复利计算的数学被转化为目标函数。它以数学形式描述风险和损失的后果，成为衡量风险的一种方法。**它向我们展示了复利的最重要因素。它是一个风险执行者，关注哪些风险是致命的，哪些不是。**

无论我们是将伯努利的基本思想解释为对数效用最大化准则（正如经济学家，甚至大多数数学金融界的学者所描述的那样）、几何平均数最大化准则，还是简单地解释为随着时间的推移以复利计算损益来保护财富的方法，都无关紧要。如果你从本章的讨论中一无所获，如果数学让你茫然失措，那么请记住：**通过将对数函数作为我们的目标函数，作为评估风险赌注最有效的方法，伯努利无意中揭示了评估风险赌注的最佳标准——几何平均数。算术收益率是虚假的希望，真相在于几何收益率。**

该准则是伯努利的另一个原理。如果不违反第一个伯努利原理，我们可以防止飞机坠毁；如果不违反这个原理，我们可以防止投资组合失败。（在我活跃的投资试验阶段，这种联系产生的结果令人非常满意。）

对数莱茵河瀑布

伯努利对流体的湍流现象有着浓厚的学术兴趣，我们很容易想象这样一幅画面：他用一整天的时间，从巴塞尔沿莱茵河上游漫步到沙夫豪森的莱茵河瀑布——欧洲最大的瀑布。我们也很容易想象层叠的悬崖，即伯努利所说的曲线的凹性：当你从悬崖落入深渊时，看似平静的水流越来越湍急，越来越汹涌，你可能永远也回不去了。危险很难被察觉，直到为时已晚。越往下，你坠落得越快，生还的可能越小。（最终你会被负复利的隐性财富税淹没。）希望这可怕的情景能铭刻在你的脑海中，帮助你轻松理解对数函数在投资中的意义。

伯努利将曲线的对数凹性描述为："大自然告诫我们，绝对不要掷骰子。"我们将持续看到，即使是"绝对公平"的骰子游戏（投资游戏）也可能极为不公。最好避开它们。

因为对数是一个向下弯曲的凹函数，原始收益的负值越大，它的惩罚就越大。损失越惨重，造成的危害就越大——远远超过同等规模的利润所能弥补的程度。损失越惨重，几何平均收益率就越低

（正如我们在图2-8中看到的，圣彼得堡商船沿着曲线下落，坠入瀑布）。

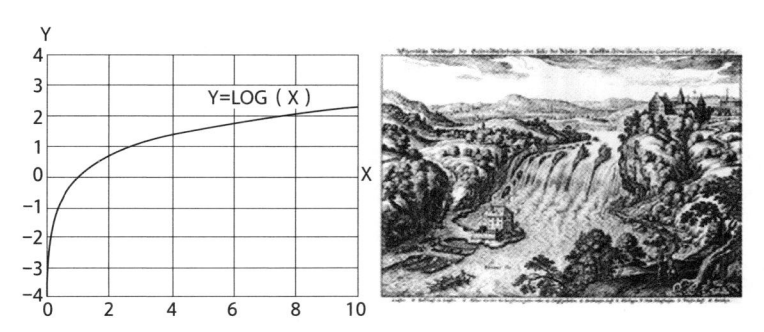

图 2-8 对数曲线和对数莱茵河瀑布

我们生来就了解曲线凹性——它深入我们的骨髓，渗透到人类关于投资的集体智慧之中。今天，我们听到的最实用的告诫也许是来自格雷厄姆的"本金的安全性"。还有一句来自他最优秀的学生沃伦·巴菲特，巴菲特强调复利资本需要遵循一个基本原则："不要赔钱。"现在我们真的"知其所以然"了。

结论显而易见：收益是有限的，风险是无限的。你需要避免坠入对数伯努利瀑布！到目前为止，这是避险投资中最重要的概念——不，是**所有**投资中最重要的概念。

最后，该解决圣彼得堡悖论了。如果得到下次赌注的平均对数收益率的指数，你就可以得到几何收益率，你可以通过对同一赌博持续下注得到期望的几何收益率。不需要一直运行机器来解决这个问题。你最好关注下次赌注的平均对数收益率的指数。

所以，你看，对数不仅仅是一个智力概念、心理学理论或神秘的量子模型，它不需要对收益率分布做任何假设或预测。相反，它是一个物理事实。确切地说，是关于复利和投资在现实世界中如何运作的物理事实。正如我们所看到的，在圣彼得堡商人贸易中，算术成本可以被几何效应大幅冲抵，这就是原因所在。在后面的章节中，我们会对此有更清晰的了解，现在让它继续发酵吧。

第三章

永恒轮回

生存要事

1869 年，年仅 25 岁的弗里德里希·尼采被瑞士巴塞尔大学聘为古典语文学副教授，后被任命为教授。争论不休的伯努利家族成员也曾就职于这所大学。（这是一个具有重大历史意义的地方，是知识产出的中心。）尼采在这里担任教职有 10 年之久，如此年轻就获得这样的成就，是闻所未闻的。

比起城市生活，尼采更喜欢乡村生活。只要有机会，他就会离开巴塞尔，前往瑞士的乡村。他钟情于莱茵河上游沿岸的森林，比如丹尼尔·伯努利的对数莱茵河瀑布周边的森林。瀑布"飞流直下，奔向无垠"，隆隆的响声激发了他的灵感。据说，他的作品与此地有着特殊的联系。

遗憾的是，他的健康状况越来越差。因此，他突然决定离开巴塞尔，去过退休后全职流浪作家的生活。他放弃了普鲁士公民身份，多次求婚都以失败告终。在短暂生命的最后 20 年里，尼采成了一个远离尘世、居无定所、没有国籍的哲学家（梅毒所致精神障碍吞噬了他最后的 10 年）。他在尼斯、热那亚和都灵过冬，在瑞士恩加丁山谷圣莫里茨附近的锡尔斯－玛丽亚避暑。夏天，他在恩加丁森林的山中徒步，与山羊和绵羊为伍（他相信，"只有在徒步中产生的想法才有价值"）。他最著名的徒步旅行路线是席尔瓦普拉纳湖沿岸（我强烈推荐这一路线，最好在冬天乘着雪橇蜿蜒而下）。1881 年的某天，尼采正沿着湖边行走，一块小鹅卵石从金字塔状的岩层上飞溅而下，就像巨石从崎岖的悬崖上坠落，他灵感乍现。一个基本原理诞生了，那便是他所谓的"永恒重现"或"永恒轮回"。

尼采最终在 1885 年将"永恒轮回"写入其巨著《查拉图斯特拉如是说》，这是一本类似《圣经》的寓言书。不过，他先放出了一个引子来介绍它。在 1882 年《快乐的科学》（与经济学领域真正"沉闷的科学"无关）一书的结尾，他以"最大的权重"为题，提出了一个思想实验：

如果某天或某晚，一个魔鬼潜入你内心最孤独之处，对你说："你将不得不一次又一次、无数次经历自己过去和现在的生活，永无止境；其中不会有任何新花样，你生命中的每次苦乐、每个想法、每声叹息、每件难以言表的大事小情都将重演，一切都将以不变的顺序出现——甚至是这只蜘蛛和这树间的月光，甚至是这一刻的情景以及我的出现。永恒存在的沙漏一次次翻转，而你如一粒尘埃，与它同在！"

你会站直了不被击倒，咬牙切齿地咒骂说这话的魔鬼吗？或者，你曾经体验过美妙的时光，完全可以这样回答他："你是神，我从未听过如此神圣的话。"如果你思考下面这个问题，它或许会让你改变，也或许会将你压垮。"你想再次经历乃至无休止地经历你的人生吗？"这个问题无处不在，它将成为你行为最大的权重。你有多大意愿成为你自己，去过这样的生活？

必须承认，第一次读到这段话时，我如醍醐灌顶。我开始用不同的眼光看待事物。每一刻似乎都慢了下来，不知怎的变得完美了，即使事实上并非如此。但它必须如此。尼采称永恒轮回是他"最高级的确认公式"——对生命的确认。在《快乐的科学》中，我还发现了一些特别适用于投资的内容，这些内容是我以前无法明确指出或阐明的。

投资行业充斥着太多混乱、肤浅的叙述。人们动作太多，行动太少。有一些关于冒险和保守时机的宏大预测，但这些预测忽略了结果。智者谈论着通过分散化来避险，称其为"金融界唯一免费的午餐"。他们使用几乎无人愿意去理解的金融工程术语，将风险分散到不同的资产上，以期获得更安全、更平庸的平均业绩。不管付出什么代价，这种意图都是好的，至少这让人们躲过了灾难；尽管变得更穷了，但风险调整后收益率很高。

投资行业传统的风险缓释方法具有欺骗性，且注定会失败。它严重歪曲了真相，几乎没什么实质性的内容和意义。**它无视经济意义，偏向数量意义**，并以避免不良结果的安全的名义接受不良结果。命运喜欢讽刺。

这是一个虚无主义的金融剧场。

投资不能只是大胆地押注我们聪明的期望值，然后表现得云淡风轻，好像完全不关注行动结果。"我是对的，但很不走运。"我们都知道，不能只根据结果判断决定的好坏——因为好的决定也可能产生坏的结果。但我们只有一个结果。如果尼采的魔鬼说的是事实，我们必须"一次又一次、无数次"接受自己的结果，你真的想一遍又一遍忽视同样的坏结果，直到永远吗？要成为更好的投资者，你需要一个更好的视角。无论我们是否接受尼采的观点，我都确信那就是更好的视角。

尼采的"快乐智慧"由来已久。这是一个古老的概念，关于循环往复的时间的概念。正如坐在金字塔形岩石上的森林矮人对查拉图斯特拉感叹的那样："一切笔直的都是谎言，一切真理都是弯曲的，时间本身就是一个圆圈。"这个信仰贯穿于整个人类历史，体现在古玛雅人、阿兹特克人、埃及人、犹太人和希腊人的传统中（在古希腊，以毕达哥拉斯学派和斯多葛学派最为典型）。在西方，基督教在很大程度上终结了这种信仰，但在东方，它是印度教和佛教等传统思想的核心。（尼采甚至把永恒轮回称为"欧洲的佛教形式"。）

尼采写道："你的任务是以你愿意再次经历的方式生活。"他的教导听起来似乎都是关于愿望的，但随后，他又说："无论如何，你都会这样做（重复这样的生活）!"尼采似乎被"永恒轮回是宇宙事实"的想法吸引了。在未发表的笔记中，他甚至提出了物理证据，将永恒轮回作为物质现实来探讨。8年后，博学多才的法国数学家亨利·庞加莱在他的"复现定理（recurrence theorem）"中指出，某些机械系统将不可避免地永远回到任何给定的状态。庞加莱提出了比尼采更严谨的说法："在存在这个大的骰子游戏中，（世界）必须穿过可计算的数量组合。在无限的时间里，每种可能的组合都会在某一时刻实现，甚至会无数次实现。"这意味着，我们不是在重复一条路，而是在重复所有的路。尼采的证明在此失去了一些分量，但他的探索值得肯定。

然而，在尼采看来，传统和科学的证据只是一种心理工具，用来说服或哄骗大脑相信永恒轮回，并将其内化——目的是"期盼"它。他在一封信中写道："如果永恒轮回是真的，或者更确切地说，如果它被认为是真的，那么一切都会发生变化，甚至逆转，所有曾经有价值的东西都会贬值。"相信的行为远比信念的有效性更重要。尼采的"永恒轮回"旨在说明生存要事应该是什么。就像伯努利的平均效用一样，它是规范的，是一种内部评价指标，是我们行动的视角或指南，它并不是一个实证主义的表述。本质上，它甚至是一个心理学假设："你愿意一次又一次、无数次经历你的人生吗？"你会诅咒魔鬼还是亲吻魔鬼？

这个问题是成功投资的核心，尤其是避险投资的核心。像经历永恒轮回一样，愿意在未来获得相同的投资收益是一种强大的力量，它能让你保持定力。**它会通过改变你的内部评价指标来改变你的投资方**

式：也就是说，**走好这条路**的价值超过了走好期望之路的价值。

你最终只能走一条路，即那条现实之路。想到这一点可能会让人略感不安，但真正理解这一确定无误的事实正彰显了"永恒轮回"思想实验的强大。无论你是否真的在无数次重复这条路，只要你相信自己愿意走好这条路，它的使命就已经完成了。你需要的只是按自己的意愿行动。认真思考尼采的思想，它会产生巨大的影响。最大的权重将彻底改变你的秉性气质。可以说，作为投资者，最重要的是好性情。

生命只有一次，但命运由一系列结果构成。某个已发生的结果当然不是注定的（尽管我们的老祖先可能不同意这个说法）。与这一现实相反，尼采的魔鬼抛出了一个心理挑战：更关心如何把事情做好，而不是漫不经心地与命运博弈。在尼采的思想实验中，样本量等于1，尼采的 $N=1$。他的魔鬼让我们意识到这一点。

正如我们在圣彼得堡赌博中所了解的，由于复利倍增的存在，我们拥有的不全是累加的时刻。我们无法玩全套游戏，尽管看起来可以。我们只能从无限的样本空间中选择一个结果。因此，在可能的结果范围内，我们无法承受太多的抽样误差，也不能执着于可能的期望值。在现实世界中，事物甚至没有明确、一致的期望值。但这不是重点。当 $N=1$ 时，概率论的方法失效了。

理解这一点不太容易，更难的是在行动上与现实保持一致。尼采的目的是明确你正在走的这条路的意义，忽略其他一切。承认吧：你将永远走这条路。让所有其他可选之路都见鬼去吧，让你对概率、期望值和风险的推测见鬼去吧。不再说："哦，我只是运气不好，但我的期望值是对的！"我们可不能奢求只在期望值或理论上正确就够了，我们必须事实正确。我们只有一次机会，这就是问题所在。

这当然并不意味着期望值无关紧要。永恒轮回有利有弊。专注于这条道路意味着，无论多么艰难，都不要屈服于任何有着糟糕期望值的路。同样，它也意味着不要去痴想难以实现的丰厚的期望值。是的，在投资中可以重复尝试。有时，在选择的那条路上，我们需要多次尝试。但那不是必然的。更大的可能是，你的尝试或试验比你想象的要少得多。最可能的情况是，你只需要尝试一次。

贝比·鲁斯能放手一搏是件好事，尽管这一策略让他保持了30年的三振出局纪录（后来，米奇·曼特尔打破了这一纪录）。但如果他在整个职业生涯中只有一次击球机会呢？他该如何做出决策？

在赋予这条路最大的权重之前，我们必须对每条可能的路心知肚明。要做到"万无一失"，我们必须对所选择的路怀有坚定的信心。这意味着，我们通过投资优化风险的方式是，无论发生了什么，我们都可以像尼采告诫我们的那样，宣称"这就是我的意愿"！就投资组合中风险缓释的作用而言，还有什么是比这更好的表态吗？

进入多元宇宙

罗伯特·弗罗斯特在《未选择的路》的开头写道（我父亲总是提

醒我记住这首诗）：

> 黄色的树林中分出两条路，
> 可惜我不能同时涉足。
> 身为旅人的我，
> 在那路口久久停伫。

我们真的不能同时走两条路吗？如果我们能做到，那就会与永恒轮回背道而驰。如果我们能做到，那意味着什么？

想想上面的思想实验。我们假设，让你懊恼的是第二天或第二天晚上，另一个魔鬼潜入你最孤独的内心深处。这个魔鬼告诉你，你无须不断重温此生，而是可以经历无数次平行的、别样的人生。他大声说："别相信昨晚那个魔鬼，你不必无限重复一种人生，你要过的是无限多种不同的、平行存在着的人生。"

你就是你自己的"薛定谔的猫"。这是奥地利物理学家埃尔温·薛定谔在1935年设计的一个思想实验。事件以这样一种方式发生：一只被关在盒子里的猫被随机下毒，猫的生与死同时存在。更准确地说，薛定谔的猫处于量子力学状态，当你试图计算这只可怜的、被虐待的猫（谢天谢地，是假想的）所有可能的生死状态时，计算可能会有点儿棘手，但在数学上是完全有效的。

根据这个新魔鬼的说法（我们称他为薛定谔的魔鬼），你也会同时经历苦与乐、生与死（但愿死亡不会发生）。你将生活在物理学家所说的多元宇宙中。就像永恒轮回一样，它是关于现实和时间的另一个假设概念。在多元宇宙中，无限多个宇宙共存。在这个版本中，从现在开始，发生在你身上的每件事，大事小情无所不包，都会衍生出一个新宇宙——也许是运气的随机变化，也许是你的临时起意，或者是其他任何情况。每条新路的每个新岔口，都会派生出你的一个翻版——另一个你。时间不再是尼采的循环，而是一棵树，无数树枝缠绕在一起。多元宇宙的整个样本空间包括所有的分支和事情可能发生的所有方式。

多元宇宙的概念得到了科学的支持，甚至可以通过实验进行间接检验。具有讽刺意味的是，它与尼采用以证明永恒轮回的"存在的骰子游戏"非常相似。量子力学想象一个被掷出去的骰子同时落在六个面上。这就像北欧的传说，骰子在投掷中奇迹般地分裂成六块，六个面在同一次投掷中全部出现。虽然我们从自己的宇宙的狭隘视角看，只能看到一面，但还有其他五个分支宇宙，每个宇宙都有各自的替代结果。骰子的每次量子投掷都成为一个新的分支点，平行的替代宇宙的分支不断分裂，不断繁衍，成为无限多元的宇宙。薛定谔的魔鬼告诉你，你将经历的就是这个多元宇宙。

听起来是不是很疯狂？思考一下：从这个角度看，你将真正了解作为赌场的感觉，你不断地用自己人生的骰子进行同步试验，一次又一次，永无止境。不会出现更多的好运或厄运，没有更多的样本误差，只有一个已实现的多元宇宙期望。当开始体验每一条可能的路时，你可以根据那个期望值做出正确的决定。

两个唱反调的魔鬼带来了两种观点，它们与概率的对立观点相似——单一的主观试验与多次频率学派试验的对比。你相信哪个魔鬼？你的选择会如何影响你的生活与投资方式？它是你投资方式的决定性因素吗？最重要的是，它对你可能的结果来说是决定性因素吗？与尼采使用"永恒轮回"的意图一样，我们需要理解这两种对立观点，用它们来检验假设，从而塑造我们的生活方式。

与薛定谔的魔鬼玩骰子游戏（$N=\infty$）

经历了两次与魔鬼的邂逅，你发现自己坐在一张桌子前，眼前有一大堆现金——那是你一生的积蓄。薛定谔的魔鬼坐在你对面，让你为这笔钱赌一把：他有一个均匀的六面体骰子，你只能掷一次。如果是点数 1，你就要将桌上 50% 的现金付给他；如果是点数 6，他会付给你桌上现金的 50%。如果点数是 2、3、4 或 5，他付给你桌上现金的 5%。图 3-1 是本次骰子游戏的收益概况和概率分布。

这是上一章圣彼得堡赌博的缩小版，不同的是，现在赌的是我们所有的财富（我们不会因为一次不走运就输掉所有，只会损失 50%）。骰子的堆叠表示不同骰子点数所对应的特定收益。通过这种方式堆叠骰子，该收益图清晰地显示了每次投掷的离散概率分布。骰子的每一面是 1/6 的等概率，所以当我们将其叠加在相应的收益结果之上时，

[图片：薛定谔的魔鬼骰子游戏的收益概况和概率分布示意图，横轴为收益(%)，标注 -50、+5、+50，算术平均数：+3.3%；纵轴为概率]

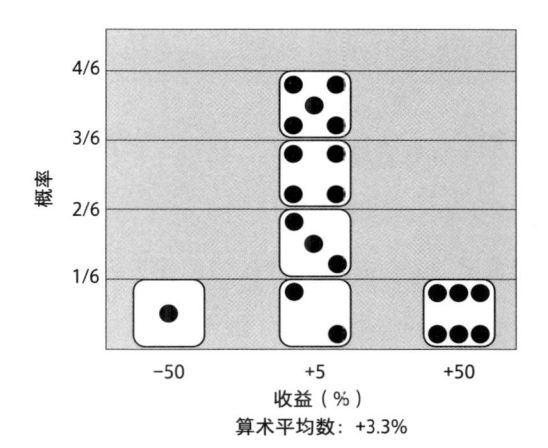

图 3-1 薛定谔的魔鬼骰子游戏的收益概况和概率分布

它们的高度就巧妙地表示出离散收益的概率。例如，你 5% 的赢局发生在 6 个骰子结果的 4 个中，所以骰子塔表示该结果的概率为 4/6。

那么，这场赌博的可靠性如何？它很划算而且对称，你有 2/3 的时间会赢得额外的 5%，因此，你有明显的优势。让我们从掷骰子中计算你的确切优势，或你的期望值。

首先，你要确保骰子是均匀的——不管怎么说，对方是魔鬼。从雅各布·伯努利的黄金定理中我们知道，如果骰子是均匀的，那么总的来说，投掷次数越多，每一面出现的次数就越接近投掷次数的 1/6。你投掷了 10 000 次来检验这一点（没关系，魔鬼会等待），然后你会发现，6 种点数中任意一个出现的概率都在 10 000/6 的 0.01% 的误差范围内。骰子没问题。

接下来，你可以计算由 6 个等概率收益率结果构成的样本空间的算术平均数，得出这次骰子游戏的数学期望收益率：

- （−0.5 + 0.05 + 0.05 + 0.05 + 0.05 + 0.5）/ 6 = 0.033

  你每次投掷的期望值都是 3.3%，这是一个相当不错的期望收益率。这样的数学优势（与市场完全无关）会让你成为对冲基金大师的羡慕对象。更重要的是，你在与薛定谔的魔鬼赌博，用的是他的规则：你将在多元宇宙中同时体验量子骰子的六个面。你可以确保每次投掷都有 3.3% 的收益率，这是一个简单的算术平均数。

  运作过程很关键，所以让我来强调一下：每次投掷，薛定谔的魔鬼骰子游戏都会查看所有 6 个可能宇宙的结果，然后取它们的算术平均数得出合并结果；你会同时经历所有好的和坏的投掷（就像分裂的骰子在同一次投掷后显示所有六个面，薛定谔的猫同时活着和死去）。我说过，你每次掷骰子可以确保 3.3% 的收益率，这就是原因所在，因为无数翻版的你在每次掷骰子时都会经历每一种可能的结果，而薛定谔的魔鬼会根据这些结果的简单平均数给你付款。你的 $N= \infty$。

  在这种设置下，为什么不赌，为什么不与那可怜的笨魔鬼不断重复这赚钱的游戏？幸运的是，薛定谔的魔鬼并不擅长简单的数学，所以他接受了这个赌局。你同意玩 300 次，每次掷完骰子后都要结账，然后继续下一场。你的目标是通过复利倍增计算你的资本。有人说，复利被爱因斯坦称为"世界第八大奇迹"，甚至是"宇宙中最强大的力量"。（虽然没有证据支持这些说法，但也没有证据对此予以反驳。）

  为简单起见，我们假设你的初始财富是某个币种（可以是数百、数千或数百万美元、法郎、达克特或其他任何货币单位）。在第一次投掷后，你得到了稳赚的3.3%的收益率，你的财富是1.033，这是你的总收益率（1+0.033=1.033）。就像在圣彼得堡商人贸易的例子中那样，我们可以通过将每次总收益率按顺序相乘，计算每次投掷后已发生变化的财富的递归几何级数。（从基本概率论中我们知道，随机自变量乘积的期望值就是它们期望值的乘积。）所以，在与薛定谔的魔鬼玩了300次骰子游戏之后，你的财富是：

- $1.033 \times 1.033 \times 1.033 \times \ldots = 1.033^{300} = 18\,713$

你看，以复利计算3.3%的期望算术收益率的结果几乎是你初始财富的1.9万倍。（如果你的初始财富是1 000美元，这意味着玩300次之后，你期末财富的数学期望值是近1 900万美元。）这个天文数字正是你所期望的——在本例中，跨越多元宇宙的广度，穿越量子骰子所有可能的路径，六个分离出来的面将全部出现。看来，爱因斯坦是个天才。

与尼采的魔鬼玩骰子游戏（$N=1$）

尼采喜欢骰子的类比，这并不奇怪，因为他升华了其所谓的"酒神式游戏理想"。他把生活看作一场骰子游戏——"存在的骰子游戏"。他描述查拉图斯特拉如何在"神桌上与众神掷骰子",骰子一次次起落,不断投掷,永不停息。这些类比是尼采最伟大的洞见。

所以,不足为奇的是,尼采的魔鬼再次出现并想赌一把。他替换了薛定谔的魔鬼,坐在你桌子的对面。他给出的是同样的骰子游戏,赌的还是你那笔现金。但现在,用的是他的规则。不是在多元宇宙中每次投掷都同时出现骰子的六个面,而是在300次投掷中,每次只出现一个面,只有一条路。(而且,为了防止你遗忘,你会不断重走这300次投掷之路,直到永远。)

你得好好想想。在多元宇宙中,游戏要简单得多。然而现在,你又回到了只有一个宇宙的混乱世界,一次骰子投掷并不总能带来3.3%的平均数。事实上,在这种情况下,你永远不会得到这个平均数,因为那是纯理论的。你要么赚50%,要么赚5%,要么亏50%,不存在其他可能。它没有圣彼得堡赌博那么糟糕,但仍有大量抽样误差,这意味着风险。在1/6的时间里,你的净资产会减半,这种风险可能是你无法接受的。但随后,你再次想起老雅各布·伯努利。你忽然想到,反复玩这个游戏会消除随机性,实现你的期望优势。正如他的黄金定理说的那样,在骰子是均匀的情况下,它可以向你保证,只要投掷的次数足够多,你可以期待骰子每一面出现的概率是1/6。哟,你刚才还在担心呢(好像与魔鬼玩骰子还不够让人害怕)。现在,你恢复了信心,相信所有投掷产生的平均收益率将收敛到3.3%。你感觉自己仿佛又回到了多元宇宙的平静生活中。

这是一个令人宽慰的想法，但仔细审视，事情似乎有些不对劲。假设你前六次投掷的结果如图 3-2 所示：

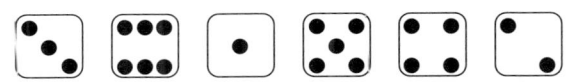

图 3-2 尼采的魔鬼骰子游戏前六次投掷结果

在第一次投掷后，你的财富（或总收益率）是 1.05；第二次之后是 $1 \times 1.05 \times 1.5 = 1.575$；第六次之后是：

- $1 \times 1.05 \times 1.5 \times 0.5 \times 1.05 \times 1.05 \times 1.05 = 0.912$

在本例中，这是骰子的每一面随机出现一次的结果。看起来应该和平均水平差不多，对吧？但你却资不抵债了？当然，对于全部 300 次投掷，你会继续这些乘法步骤，直到得出期末财富。（这就是所谓的几何随机游走。）

在这个复利倍增的例子中，你需要注意的是：因为每个后续收益率都乘以其后续收益率，基于乘法的交换性质，50% 的损失何时发生并不重要。无论是在第三次还是在最后一次投掷中出现点数 1，对你期末财富的影响都是一样的。

显然，尼采的魔鬼改变了一切：这次你只能随机选择一条路，而不是多元宇宙中所有可能的、平行的 300 次投掷之路。现在，你的样本量从无穷大下降到了 1（$N=1$）——这很可怕。

图 3-3 是每个游戏分别进行 1 万次的结果，显示为独立的不同路径的云团。把云团想象成多元宇宙中抽样结果的样本空间。期末财富结果的频率分布显示在右侧，对应各个路径的最终值。

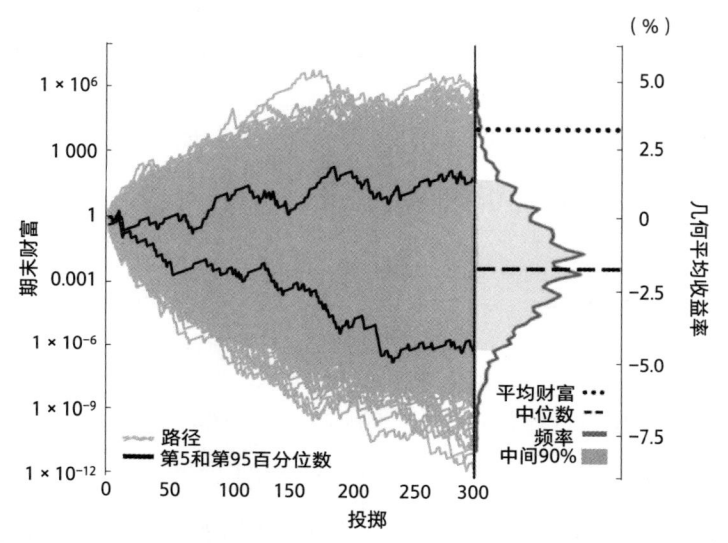

图 3-3 得你所得，而非得你所愿

在这些道路中，你只能走其中的一条。你最好选一条正确的路！

请注意，y 轴是按对数缩放的，这样我们可以更好地查看压缩数据。正如我们看到的，当你与薛定谔的魔鬼较量时，期末财富的期望值几乎是初始财富的 1.9 万倍——这是一个确定结果。而当你与尼采的魔鬼较量时，这个结果实际上是极其罕见的。它甚至不在可能结果的中间 90% 置信区间内，该置信区间跨越第 5 至第 95 百分位数。事实上，你的期末财富大于或等于初始财富 1.9 万倍的概率只有 0.5%。

发生了什么？罪魁祸首是时间和以倍数递增的复利。最终，在经过大量不同的"300次骰子游戏"后，你得到一个可能的期末财富结果分布，它是高度正偏态分布——这意味着大量结果具有很低的值，极少数结果具有极高的值。后者如此之高，以至它们确实提高了总体分布的平均水平。（图中的对数缩放使这种正偏态分布更难被观察到，它看起来是对称的钟形。但如果看 y 轴的值，你就一目了然了。）

结论是：当你只能走一条路时，实现期末财富期望值极其罕见。显然，它无法被预期。

非遍历性骗局

抛开魔鬼不谈，这是一个现实世界中的问题。你掷300次骰子，期望骰子的每一面出现大约50次，这没错。问题是，这个期望值并没有很明显地转化为你的理论期望值，即期末财富达到初始财富的1.9万倍。以下是骰子每一面出现50次的几何级数：

- $0.5^{50} \times 1.05^{50} \times 1.05^{50} \times 1.05^{50} \times 1.5^{50} = 0.010$

这一逻辑似乎意味着，你的期末财富将基本为零。的确如此。骰子每一面出现的概率相同，你的复利财富——你的那笔现金，你一生的积蓄——99% 将归尼采的魔鬼所有。在多元宇宙中，为你赢得初始财富 1.9 万倍的 300 次投掷发生了什么变化？与尼采的魔鬼赌博（它反映了现实世界中发生的事情，这令人不快），你不太可能拥有一再出现的好运。**复利倍增貌似宇宙中最具破坏性的力量。**（爱因斯坦被高估了！黄金定理也没那么美好！）

回想上一章，在这个几何级数中，300 次收益的几何平均数只是它们乘积的 300 次方根，或 $0.010^{1/300} = 0.985$，或 –1.5% 的复合增长率。

我们知道，每次投掷的几何平均收益率 0.985 与伯努利期望值相同，也等于一次投掷后 6 种可能收益率的几何平均数：

- $BEV = e^{\frac{\log(0.5) + \log(1.05) + \log(1.05) + \log(1.05) + \log(1.5)}{6}}$
 $= 0.985$，或 –1.5% 的复合增长率

它提供了更多的证据，证明单次赌博的几何平均期望收益率与作为永久复利赌博估计的几何平均期望收益率相同——无论你打算选择哪一种。这是伯努利对数目标函数很酷的、直观的捷径。

然而，计算每次投掷的期望复合增长率（–1.5%），还有第三种等效的方法。它更直接，也更直观。事实证明（在非常稳健的统计收敛下），期末财富等于以 –1.5% 的复利计算了 300 次（或 $0.985^{300} = 0.01$），那是期末财富的中位数。这就是你在靶心中得到的，是你跨越所有可能的期末财富结果的多元宇宙后从赌博中获得的中间值

（伯努利所说的"中间利润"的字面意思）。如果思考一下落在骰子每个面的 50 次投掷，你就明白它是有道理的。这就是你投掷结果的中位数（在可能的投掷结果中，一半更多地落在某个特定的面上，另一半则更少地落在某个特定的面上），因此有理由认为，它也应该产生你期末财富结果的中位数（一半的财富结果更高，另一半更低）。

不必纠结于数学上的细微差别，但你确实需要记住这一结论性观点（图 3-4 做了总结）：**在倍增增长（比如我们的骰子游戏）情况下，期末财富结果的几何平均数与期末财富结果的期望中位数相同，这是我们思考几何平均期望收益率最直观的方式。**

在我们的骰子游戏中，超过中位数（根据定义，为 50%）的概率远远大于超过算术平均数的概率。这样你就明白了为什么在所有可能的最终结果的随机样本中，你应该期待几何平均收益率，而不是算术平均收益率。

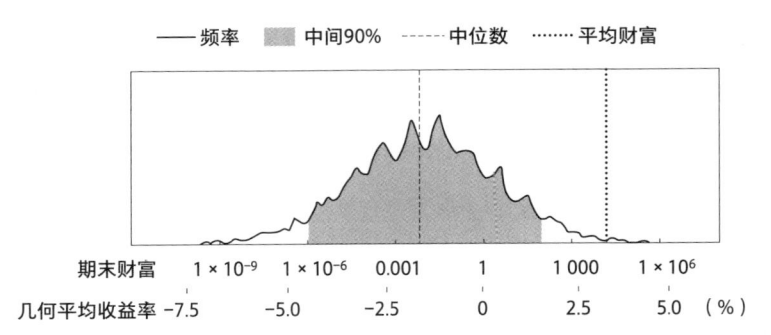

图 3-4 期末财富中位数、期末财富期望对数、中位数和期望增长率是同一事物

哪一个更好：最大化你从未期待真正实现的财富期望值，还是最

大化财富增长率的期望值,即你实际拥有的期末财富中位数?

当我们在多元宇宙中与薛定谔的魔鬼玩骰子游戏时,$N=\infty$,我们关心的是多元宇宙中的平均数。然而,当我们与尼采的魔鬼掷骰子时,$N=1$,我们只关心一条路。更确切地说,我们真正关心的是自己可能走的那条路。为了不受命运摆布,我们需要关注较低的百分位数路径,比如中位数。

在与尼采的魔鬼较量时,你可能认为游戏存在某种圈套,或许就像扑克或西洋双陆棋(我很怀念20世纪90年代的梅菲尔俱乐部)中骗人的花招一样,你的优势是一种幻觉——那只是欺骗你玩下去的幌子。不,你的优势还在,只是非常罕见。你可以认为这是一种欺骗性的抽头,或是现实生活中魔鬼对你财富中位数(或几何平均数)征收的税。这是一种由复利倍增动态系统提取出来的税,我称其为波动税,它是一种最隐性的财富税。当你的财富落入对数伯努利瀑布时,它是财富的几何成本。你坠落得越深,就越难以找到出路。但对那些只生活在算术空间的人来说,这是一种完全隐性的税收。

一个随机过程在某个时段内,所有可能结果样本空间的算术平均数(被称为**总体平均数**)与同一时段的几何平均数(被称为**时间平均数**)相同,这在概率论中被称为遍历。

但我们不要想得太多,请保持简单:非遍历只意味着你的平均结果远高于你的中位数结果;所以,你的分布是明显的正偏态分布。不同于关注中位数,关注平均数意味着,你在关注实现概率低于一半(有时远远低于一半)的可能结果。仅此而已。

多元宇宙是遍历的，因为你实际经历了算术平均收益率随时间的推移而进行的复利计算（因此平均结果与中位数相同）。但没有人生活在遍历的多元宇宙中。只有与薛定谔的魔鬼赌博，我们才能体验许多个300次掷骰子游戏的平均收益率。然而在现实中，我们不是赌场。相反，我们更像是一张彩票（尽管在本例中，这张彩票具有非常强的正面优势）。我们只存在于一个宇宙中，只能经历一个300次投掷游戏。

永恒轮回显然是高度非遍历的。即使有很多复利计算的步骤，或者有300次掷骰子的机会，由于非遍历性，我们的 N 仍然等于1。我们应该从中感受到**最大的权重**。

简单总结一下，这两个魔鬼的观点相互排斥，又穷尽了所有可能，我们必须接受其中一个。从多元宇宙收益中形成的期望不会告诉我们从永恒轮回中能期望什么。当然，后者最能代表我们的现实。多元宇宙的频率论视角是一种幻觉，它会让我们失望，会蒙骗我们做错的事。

鲍勃·迪伦在歌中唱道："幸好有非遍历性，明天永远不会是你以为的样子。"大概就是这个意思。

魔术把戏还是数学技巧？

几何平均收益率计算的最大优点是避免了非遍历性问题，它反映并跟踪了你的资本基础随时间推移的演变情况，这是算术平均遗漏的内容。几何收益实际上就是你的资本基础，它直接从收益转化为财富。使用算术收益率进行转换，你还需要知道路径是怎样的，它是路径依赖的。资本基础是收益的基础。现代金融关注收益，却忽视收益对资本基础的意义，这是荒谬的，也是短视和天真的。这就好像在说时间无关紧要，"一切都同时发生"。

这就像农民追求作物产量，却忽视土壤退化。大多数农民就是这样，现代工业化的农业依赖单一作物、化肥和杀虫剂——当然，践行再生农业（如轮牧）的人除外。

一旦你把注意力转移到资本基础和几何平均收益率上，神奇的事情就会发生。

那么，你能以上述方式玩魔鬼骰子游戏吗？你能以更具再生能力的方式（就像有远见的农民保护土壤一样）玩游戏吗？比如，不是每次押上全部，而是每次只赌剩余现金总额的40%。将另外60%放到一边，不归入赌本，这意味着每次掷骰子时，你都要将之前3.3%的平均期望收益率降低60%。图3-5是一张新的风险缓释收益图。

这张"叉与圈收益概况图"在本书中至关重要。在研究不同的案例时，我们会不断回顾它。理解这张图非常关键。它显示了风险缓释策略中可变因素的基本概况，及其相互作用的方式。最妙的是，它将这些因素正确地、合乎逻辑地组成一个整体，作为风险缓释记分牌，在同一页上显示了投资组合净效应。这张图真正显示了风险缓释的叉和圈。

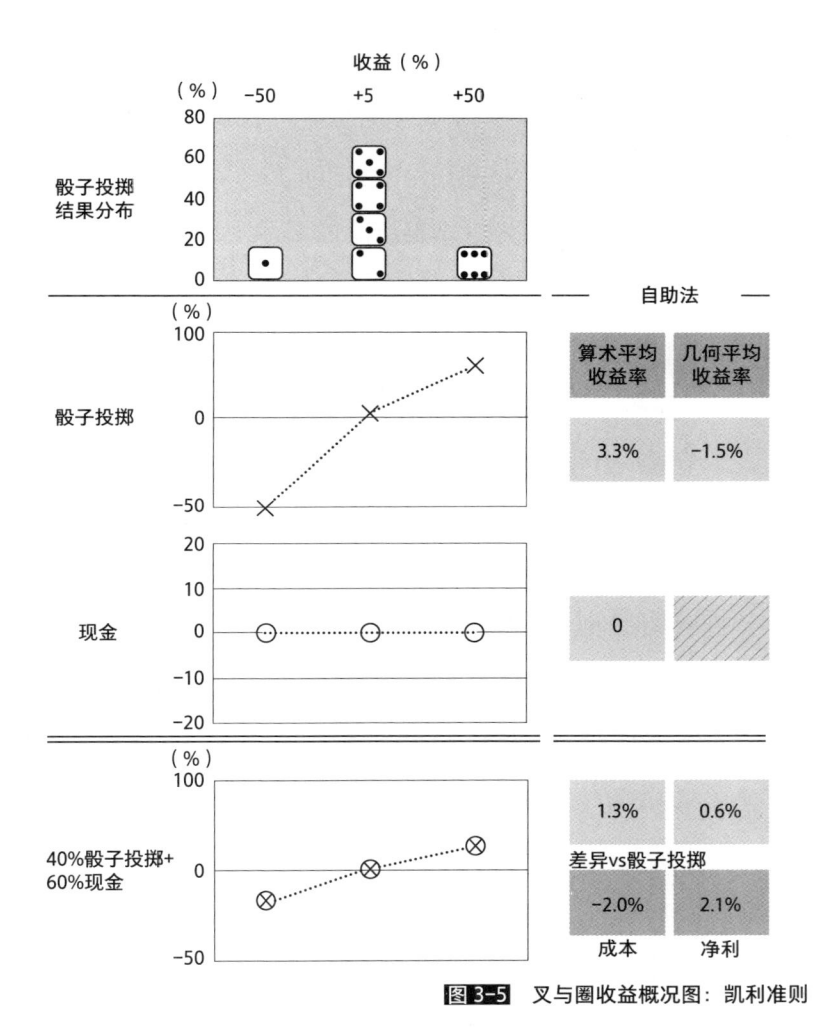

图 3-5 叉与圈收益概况图：凯利准则

注意其中发生了什么。我们将主要的骰子游戏收益概况图（×）与现金收益概况图（○）结合起来，得到一个组合收益概况图（⊗）。如果将伯努利的 *BEV*（或平均对数收益率的指数）应用于这个组合图，那么在以复利计算 300 次，并重复该路径 1 万次的情况下，你得

081

到的几何平均收益率就等于几何增长率的中位数。

只要每次下注的金额少于你的剩余现金，你的算术平均收益率就会从 +3.3% 降至 +1.3%。把它视为你的算术成本。在感到失望之前，请你想一想我们刚才讨论的（非遍历性）。算术平均数不是我们关注的焦点，相反，一切只与反映复利的几何平均收益率有关。

令人惊讶的是，你的几何平均收益率从 –1.5% 升至 +0.6%；这是你从该组合策略中获得的（投资组合）净效应。这可不仅仅是一件有点儿令人费解的小事或数学奇闻。以我们之前的经验，玩这个骰子游戏似乎是个坏主意，至少按照尼采的魔鬼制定的法则你是要吃亏的。但现在看来，我们是在说，只要你每次只拿一部分财富来冒险，它就是一个有利可图的游戏。这到底是怎么回事？

在多元宇宙的幻境中与薛定谔的魔鬼博弈时，使用我们建议的风险缓释策略，在 300 次掷骰子后，你的期末财富会变为初始财富的 53 倍，而不是 1.9 万倍，你所经历的只是算术成本。但当你与尼采的魔鬼较量时，期末财富的期望中位数（或几何平均数）会从初始财富的 0 倍提高到 7 倍左右。你只能得到这个（投资组合）净效应。两个魔鬼显然有不同的记分牌，而尼采魔鬼的记分牌才是现实世界中最重要的记分牌。

我们建议的下注策略是凯利准则的一个例子。凯利准则可以追溯到 1956 年，以贝尔实验室研究员约翰·凯利的名字命名。凯利提出的这个准则是其同事克劳德·香农关于信息熵（一条带有噪声的通信消息中的信息度或"惊喜"度）概念的延伸。凯利的简单公式基于一个标准来确定赌注的大小：最大化期末财富的几何期望平均数（即使以牺牲算术平均数为代价）。1738年，丹尼尔·伯努利首次提出了伯努利原理，你可以把凯利准则视为该原理的形式化。1959年，亨利·拉坦首次正式将其应用于投资领域，尽管遭到了人们的鄙视。（两人中只有拉坦读过伯努利的论文，并深受其影响。当时，那篇论文在几年前刚被翻译成英文。）本章中骰子游戏的例子在很大程度上基于拉坦的重要研究成果，拉坦是一位开拓者，他在投资方面所做的贡献理应得到更多赞誉。

伯努利、凯利和拉坦的思想有了支持者。他们是1936年的约翰·伯尔·威廉斯（或许是自伯努利以来第一个强调几何平均数最大化的人）和1960年的利奥·布雷曼（他证明了几何平均数最大化策略既能以最快的速度实现目标财富，又能在给定时间实现财富最大化——谁不想学习这种策略呢？）具有讽刺意味的是，就连1952年现代投资组合理论的设计者哈里·马科维茨也在1959年成为几何平均准则的支持者（1976年更是大力推崇）。但为时已晚，因为他的现代投资组合理论框架已经深入人心——后来的事尽人皆知。也许最值得注意的是爱德华·索普的权威著作，他从20世纪60年代开始就针对这个问题著书立说，并将其付诸实践。

最近，奥勒·彼得斯就非遍历性对经济理论的影响撰写了内容详尽、富有见解的论文。当然，纳西姆·尼古拉斯·塔勒布在他2018年的著作《非对称风险》中提到了单周期集合概率与多周期时间概率的非遍历性对比。（纳西姆写道："20多年前，像我和马克·斯皮茨纳格尔这样的从业人员就已经按照这一准则建立了我们的交易策略……集合概率和时间概率的差异效应。"这基本上算是一个总结。）要详细了解这些，请参阅威廉·庞德斯通 2005 年出版的《赌神数学家》，这是一本专业性不那么强的好书。到 2005 年，我在这方面已有大量实践，也更清楚这一简单区别的含义。

伯努利、凯利和拉坦各有主张——他们的继承者也是如此。但他们都指向了与圣彼得堡商人贸易一致的标准：几何平均数最大化。

凯利的精确公式在这里并不重要，无论如何，它都不会很好地转化为金融市场更微妙的真实分布。移动上一张图的权重，重新计算每个权重的期末财富的几何平均收益率或中位数，你就可以在概念层面找到该骰子游戏的凯利最佳下注比例：约为 40%。（回想一下，我们曾多次探寻圣彼得堡赌博的公允价值，二者的方法非常相似。）期末财富最大中位数的权重是凯利最佳下注比例。让我们保持简单。关系如图 3-6 所示：

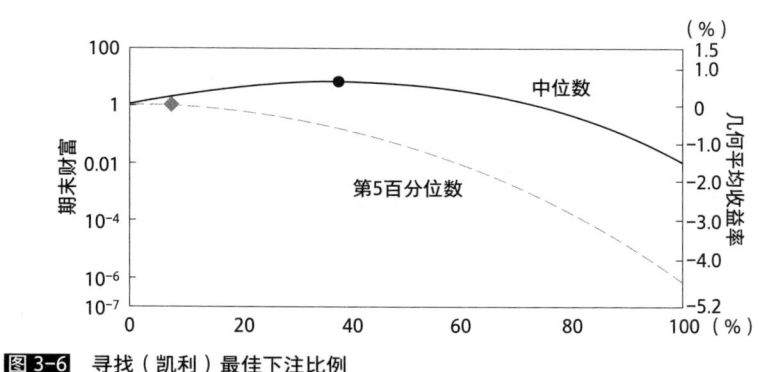

图 3-6 寻找（凯利）最佳下注比例

凯利准则似乎可以更形象地被称为金发姑娘原则，它必须恰到好处。留出太多的钱不妥，因为你的赌注太小，太保守了。没有留出足够的钱也不妥，因为你的赌注太大，太激进了。介于两者之间则恰到好处——在本例中，略低于40%。（不要认为这与巨大风险困境中令人不快的中位数相矛盾，你将在后面几章了解到，事实并非如此。）

你不能为免受诱惑而每次投注财富的1/300，从而获得300个小赌注的算术平均数。凯利准则说明了其中的原因。当然，你可以那么做，但那是在浪费时间。只有赌场才能做到这一点，它可以在每个周期分别下注（丹尼尔·伯努利式的风险分散），而不仅仅是在不同时间下注，因为每个周期都有很多独立的、同时被投掷的骰子。但你不可能同时与一屋子尼采的魔鬼进行独立博弈。（你不是赌场。）

有人可能会说，选择第50百分位数来实现最大化有一定的随意性。对其他百分位数来说，这个选择似乎有点儿盲目。图中较低的曲线显示了期末财富结果的第5百分位数（在图3-4中，阴影部分中间90%置信区间的下界），这意味着95%的时间你期望达到或超过的财富水平。这条曲线的峰值略低于10%的下注比例，远低于每次投掷近40%的下注比例（中位数曲线在近40%处达到峰值，然后急剧下降），而期末财富中位数随着下注比例的增加有更大的上升空间。凯利准则的权重最大化了中位数结果，虽然不是真正糟糕的结果。你可以明白为什么职业赌徒经常使用"部分"凯利赌注大小。它以牺牲中位数结果为代价，能有效地最大化任意较低的百分位数结果，如第5百分位数曲线（在约1/4凯利比例处最大化）。

这个第 5 百分位数的结果在投资行业被称为风险价值，或 5% 的 VaR。在我们的例子中，结果的样本空间很明确，这个 5% 的 VaR 是定义赌博风险程度的一个好方法。毕竟，我们将风险定义为负面意外事件，或最糟糕的潜在路径中的损失。因此，将这些最糟糕的路径想象成格雷厄姆的安全边际，第 5 百分位数的结果越高，安全边际越大，赌注越安全。

当然，在现实世界中，这些糟糕的结果并没有那么明确。投资组合 VaR 的测量存在虚假性，估计的准确度很低，使用它可能弊大于利，这是下一章的重点。但是对我们的骰子游戏来说，5% 的 VaR 是衡量风险的理想指标。

正如我们所看到的，超出凯利最佳下注比例，风险会增大。好事太多并非好事。你可能会因做得太多而毁掉机会，从而逼近伯努利瀑布的边缘。然而，奇怪的是，现代金融工具坚持认为，当算术期望收益率为正时，杠杆基本上总是合理的。毕竟，杠杆只是提高了算术平均数或期望收益率，而不影响平均收益率与这些收益率标准差的比率。（图 3–5 中的夏普比率连线只是一条水平线，随着杠杆率的提高，所有人都可以获得更多的自由资金，同时期末财富暴跌。）更低的风险总是意味着更少的收益。那些肤浅的伪科学工具真是一场灾难！杠杆确实可以杀死产金蛋的鹅。（只要问问长期资本管理公司的对冲基金投资者就知道了。）

现在想一想，如果留出财富的 60%，经过 300 次投掷，你的期末财富将从初始财富的 0 倍提高到 7 倍。在孤立状态中你会推断，每次投掷后收益率一定会固定在0.8%的复利上,就像固定年金一样。但事实上,在这场赌博中,我们闲置的现金根本没有赚到任何利息。

凯利是如何从一顶算术收益率较低的帽子中拽出一只几何收益率较高的兔子的?这是魔术把戏,还是仅仅是简单的有关复合的数学技巧?答案是,它将游戏变为非线性的、倍增的动态系统——换句话说,以增加中等意外的方式来缓解糟糕意外的痛苦(曲线凹性的痛苦)。在倍增效应下,要想从巨大的损失中恢复过来真的很难。

从更大的下注比例转向凯利最优权重,还有一个很好的改善措施,那就是我们在图3-6中看到的第5百分位数结果。使用新的凯利下注策略,我们可以更清楚地看到一个新的风险缓释分布,如图3-7所示。

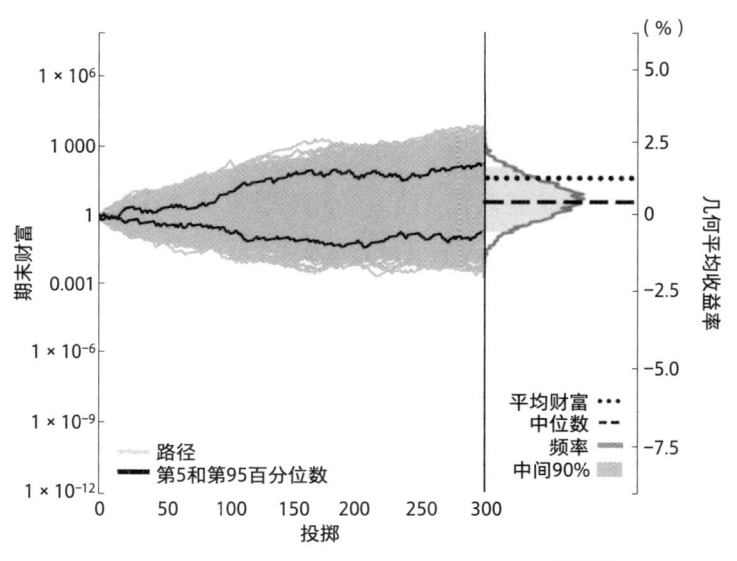

图 3-7 凯利准则路径

图 3-8 是全押与 40% 凯利下注比例两个频率分布的详细介绍。

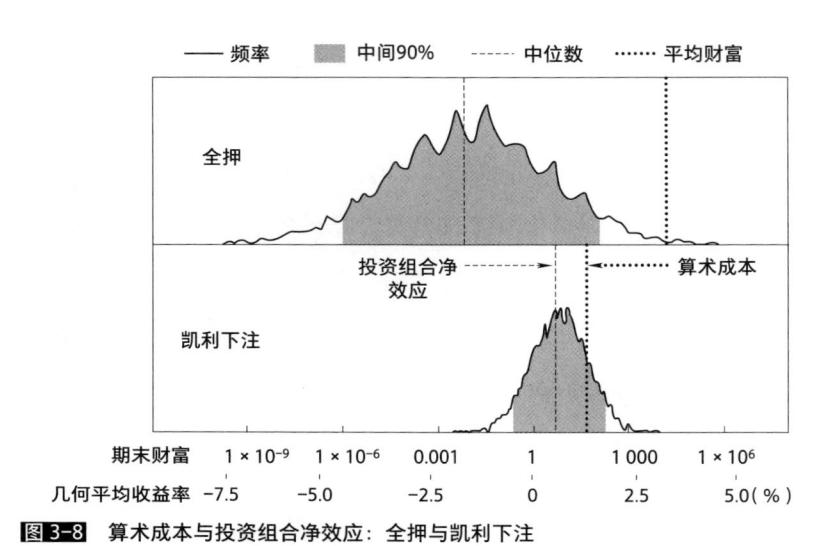

图 3-8 算术成本与投资组合净效应：全押与凯利下注

有趣的是，算术平均收益率降低了（向左的箭头）。在其他所有因素都相同的情况下，几何平均收益率也会降低。但几何平均数或中位数收益率实际上提高了，我们称这为投资组合净效应（向右的箭头）。有两种相反的力量作用于结果分布：一种可见的力量（算术成本）降低了它，另一种隐藏的力量（几何效应）提高了它。当后者大于前者时，结果是正投资组合净效应和**具有成本效益**的风险缓释。这两种力量往往是隐藏的，二者的矛盾关系是避险投资的核心。

凯利下注策略带来的财富中位数上升是显而易见的——毕竟这就是财富最大化的目标。但你可以看到，它提高了整个分布。例如，第 5 百分位数结果（在中间 90% 范围的底端）已经从基本为 0 上升到约 0.3。

再次以弓箭手射箭做类比。凯利想让你的中位数之箭更接近靶心，或者更精准地射向靶心（更大的财富）。而且在此过程中，它严格控制了落点散布，这意味着射程范围更窄或更精确。与以前相比，偏离靶心的箭（迷途之箭）更少了——熵更少了，更不容易受运气摆布。但迷途之箭并没有消失，它们并非凯利优化的对象。想象一下，威廉·泰尔——14 世纪瑞士民间英雄和神射手，瑞士联邦反抗奥地利压迫者的领袖——被迫将苹果从他儿子的头上射下来。他可能会射偏，但只能射向一个方向，而射偏的箭至少和他射中的箭同等重要。他的目标是尽量减少遭遇厄运的机会。**威廉·泰尔的射击需要既精又准——目标越小，偏离越小。**（这与最大化夏普比率形成对比，后者通过**牺牲**准确性来提高精确性。）

那些射偏的箭仍存在大量风险，人们为此指责激进的凯利下注策略。第 5 百分位数结果为 0.3，意味着 70% 的损失——在新的落点散布中，第 5 和第 50 百分位数之间仍可能有厄运发生。因此，一些人甚至将其嘲讽为"神风特工队准则"。经济学家保罗·萨缪尔森对凯利准则尤为不满，他使用单音节词对其进行了批评——他认为被批评者能理解。萨缪尔森的论文中有一段话很典型："我们不应把财富的平均对数设得过大……当 N 很大时，如果输了（你当然会输），你会输得很惨。Q.E.D.（证明完毕）。"

重要的是要认识到，在本例中，凯利将你总财富的 60% 留下，相当于将你总财富的 60% 分配到一个安全的避风港，这一点可能并不明显。每次投掷，这些现金都无利可赚（假设不会因通胀失去实际价值）。如果愿意，你仍然可以在下次投掷时使用它。它所做的一切是保持其价值，减少在游戏中的损失。这就是我们所说的"价值存储"避风港。

附加赌注

让我们暂时回到上一章伯努利的圣彼得堡商人贸易的例子。在魔鬼骰子游戏中，我们可以更好地理解他的处境。现在我们做些替换：将游戏玩家替换为不走运的商人，骰子投掷的结果替换为随机的天气和海盗，收益替换为满载货物穿越波罗的海的船只带来的经济效益，薛定谔的魔鬼替换为保险公司。你可以看到其中的含义。（这次我们的概率和收益率略有不同，但重点完全相同。）举个例子，你为你的房屋投保，目的是让保险公司理赔房屋损毁可能带来的费用，房屋损毁分散在多元宇宙的诸多实例中。从这个意义上说，保险就是让你扮演赌场的角色，参与许多与命运抗争的游戏。惨痛的厄运不再让人不堪重负，因为有其他好运分担了成本。

但是，如果留出一部分资金，放在安全的、零收益率的资产中，可以提高总资产的复合增长率，那一定是因为安全资产为增长率提供了某种价值，而非其自身产生了特定的资本增值。它提供的隐藏价值足以弥补机会成本。

既然在用这笔备用金缓解损失发生时受到的冲击，那么我们应该考虑这个游戏的保险合同。大致来说，保险合同是对主要事件的附加赌注，而非主要事件本身。它是对另一重大事件结果的押注。就像掷骰子或体育运动中的附加赌注一样，它与游戏是分开的。它是一种衍生工具，或未定权益，其价值源于其他事物。（保险公司会全力确保保险赔付并非真正的赌博，比如，你为某人投保人寿保险，但他的死亡并不会影响到你。）

思考一下保险附加赌注的风险缓释收益和概率分布图（见图3-9）。当骰子掷出点数1时，保险合同赔付你500%的保险费。而出现其他任何点数时，你的保险费将损失100%。

请再次注意，我们只需要计算组合收益的几何平均数 $\otimes$，找到赌1万次的几何平均期望收益率，以及几何收益率中位数。

将这张叉与圈收益概况图与我们之前的图进行比较，你可以看到新的保险赔付取代了原来的剩余现金。在此情境中，只有掷出点数1，你才能在保险附加赌注中获得500%的可观利润。否则，你会失去全部附加赌注。具体来说，这个保险赔付的算术平均数正好是0。显然，正如预期的那样，该结果的几何平均收益率为–100%（将任何数字乘以0，或1–100%时，得到的是0），其平均效用也是0。这听起来不是很妙，除非你记住，正如你所看到的，这绝非一场孤注一掷的赌博。这是一个附加赌注，其作用是为你最初的下注投保。

举个例子，让我们看看你与尼采的魔鬼赌博的最后一次下注计划。

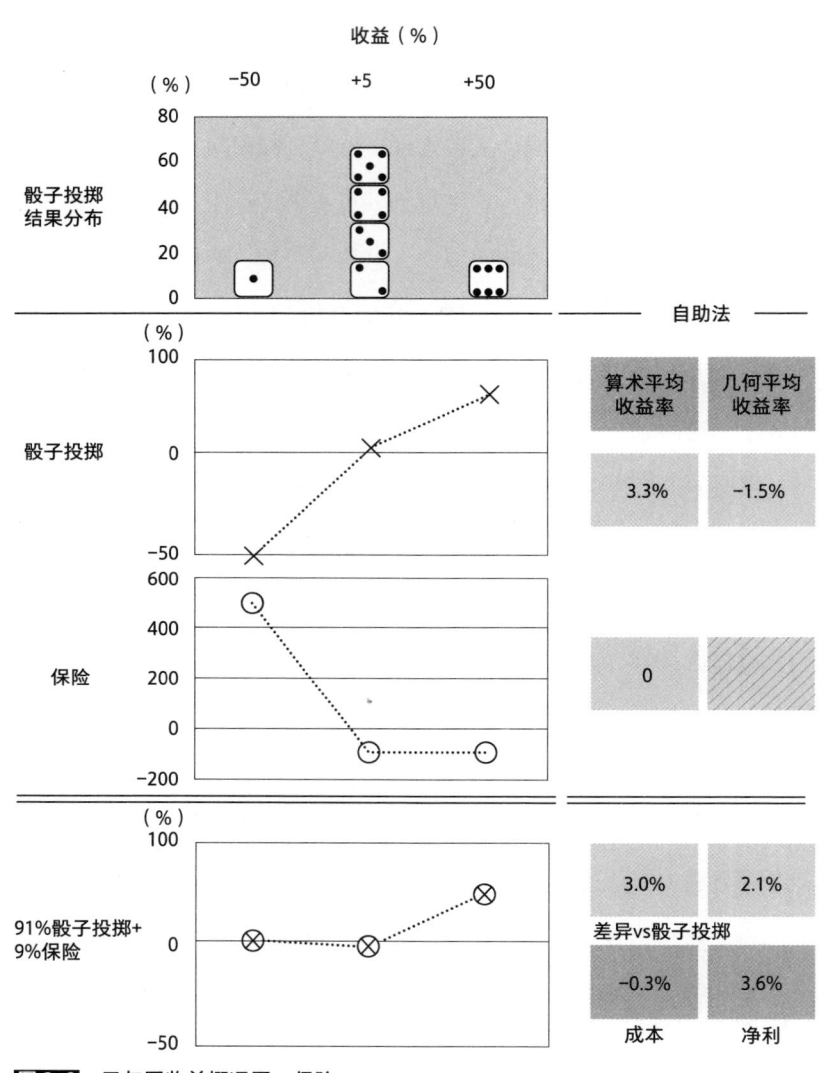

图 3-9 叉与圈收益概况图：保险

之前都是按照凯利下注法，每次投掷只下注现金总额的40%，将剩余的60%存入价值存储避风港。只不过这一次，每次投掷你会下注剩余现金的91%，将9%分配给保险附加赌注。薛定谔的魔鬼是保险赌注的承保人，而尼采的魔鬼会在最初的骰子游戏中再次成为你的对手。

于是，我们又有了一个避风港的例子。它不仅能够保值，而且能够基于赌博的结果提供一个高**条件收益率**，以降低赌博的损失。这就是我们所说的**保险避风港**。

这一次，300次投掷后的复合期望收益率从 –1.5%（意味着期末财富约为0）跃升到 +2.1%（意味着期末财富约为初始财富的495倍）。然而，你的算术收益率从 +3.3% 降至 +3.0%。与凯利下注策略相比，算术平均数的降幅更小，因为我们在平均收益率为0的附加赌注中分配了更少的钱。但是由于风险缓释效应，几何平均收益率大幅上升。我们现在知道，这才是真正重要的收益率。

请注意，正如在凯利收益中，每次掷骰子都留存现金，结果收益率为0一样，平均而言，每次掷骰子都将现金分配给保险附加赌注，最后收益率也为0。（毕竟，这只是保险。）在300次投掷之后，9%的保险配置将你的期末财富从初始财富的0倍提升到495倍，对此你可能会认为，这笔钱的收益率就像固定年金一样，一定是以2.9%的固定复利率增长。但事实上，它的平均收益率是0。

我们正从一顶算术收益率更低的帽子中拽出一只几何收益率更高的兔子。

上次我们发现了凯利最优权重，现在我们可以移动图3-9的权重，计算一次掷骰子的几何平均收益率，找到分配给保险的最优权重。

关系如图 3-10 所示：

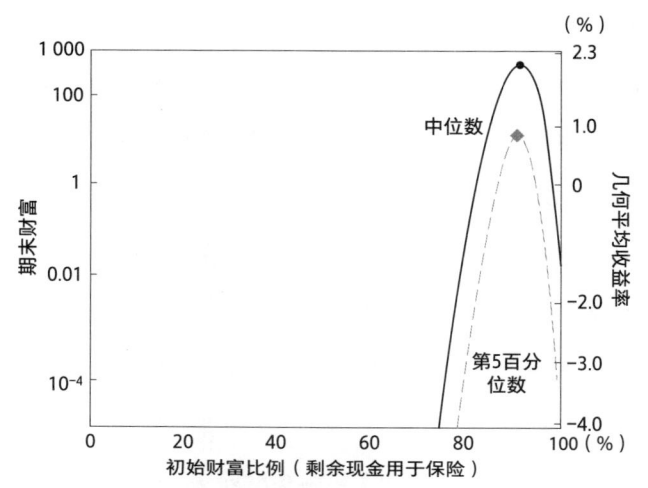

图 3-10 寻找最佳下注比例（剩余现金用于保险）

我们再次看到金发姑娘权重，不太热也不太冷。你可能会因为做得太多而毁掉机会，好事过了头就不再是好事。但是，对保险业来说，"过了头"意味着保险投入过少（或者主要赌注过高）。保险费无须预留太多。**就像盐一样，"少许"对这道菜来说是点睛之笔，再多就会毁了它**。

但在这里我们看到，与凯利最优权重不同，保险权重几乎同时最大化了最终结果的中位数和第 5 百分位数。此外，通过最大化这个百分位数结果的范围，你也在最大限度地增加超越所有期末财富结果的可能性，并缩短超越这些结果的预期时间（正如我们从 1960 年布雷曼的证明中了解到的）。萨缪尔森会非常高兴，因为"你不再有真正惨痛的损失"。

这次我们可以看到，与原始游戏和凯利下注策略相比，样本空间路径的云团形成了截然不同的期末财富频率分布（如图 3-11 所示）。这种定价合理、零收益率的保险反直觉地提高了期末财富中位数，但也许更重要的是，它还将第 5 百分位数提高到了一个可接受的水平，从最初的基本为 0，到保险状态下的 20。它提高甚至近乎最大化了百分位数的**区间估计**，而非任意的**点估计**。像凯利下注策略一样，你通过严格收紧落点分布提高了**精度**，同时通过让它们更靠近目标而显著提高**准度**。目标范围越小，偏离越小。这就是威廉·泰尔的射击——既有精度又有准度，严格控制并提升整个样本空间，避免受到运气的摆布。

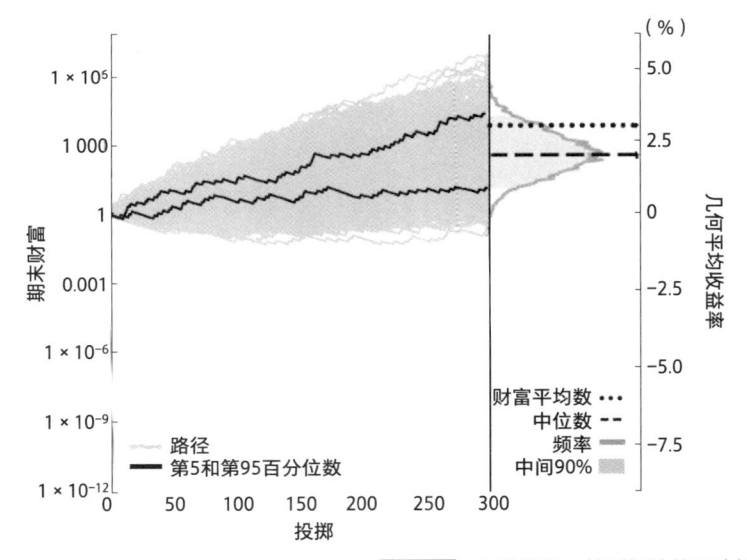

图 3-11 保险路径：恰到好处的风险缓释

通过再次并排比较频率分布（如图 3-12 所示），我们可以看到投保下注的优势，这次对比的是全押、40% 凯利下注和投保下注三种情况。

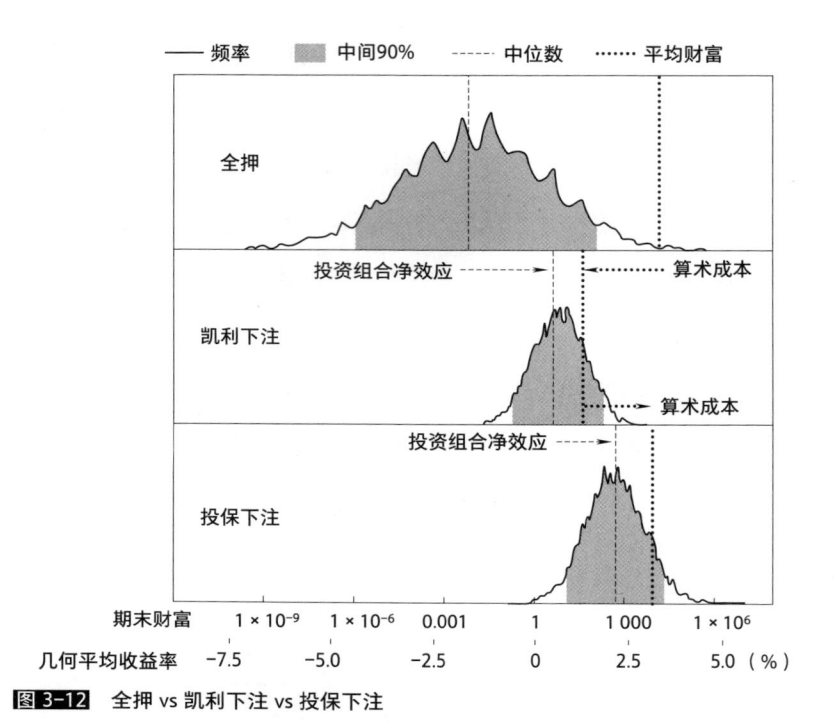

图 3-12 全押 vs 凯利下注 vs 投保下注

当我们从凯利下注转移到投保下注时，算术成本实际上是下降了（向右的算术成本箭头），而投资组合净效应进一步增加（向右的箭头）。**算术成本的降低加上更大的投资组合净效应，这种双重作用被称为经济型优势策略**——成本节约有助于产生净效应。

掷出点数 1 的所有 50% 损失都被规避了，代价是掷出其他任何点数都需付出 9% 的成本。而且，平均而言，这种保险赌注是收支平衡的。但是如果我们把保险赔付从掷出点数 1 赔付 500% 降到更低的水平呢？这意味着我们将独立的保险附加赌注的算术收益率降至 0 以下，使保险公司有利可图。我们将同时提高保险权重（9% 以上），使总赌注在掷出点数 1 时受到完整保护（或损失为 0）。这种保险值多少钱？你愿意"多付"多少钱给薛定谔的魔鬼，让它为你的赌博习惯买单？

图 3-13 展示了保险策略的几何收益率期望值或中位数，对应独立保险附加赌注的不同算术收益率（使用重新加权法来缓解最糟糕的投掷结果）。

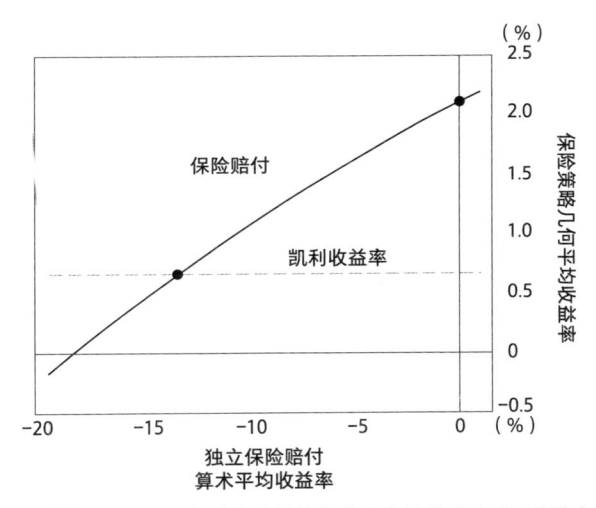

图 3-13 非零和：保险策略的增长率中位数（对应不同的独立保险赔付）

在保险策略几何平均收益率下降到凯利策略的水平之前，每次投掷的算术平均收益率可以低至 –13%。还有一个 –10% 的平均保险收益率（顺便说一句，薛定谔的魔鬼这个保险商获得了巨额利润），被保险人每次投掷的几何收益率仍高达 1% 左右。圣彼得堡商人在考虑是否为自己的海运投保以预防海盗和海上风暴时，从未明白这一点：

保险绝非零和博弈。

也许伯努利应该将其目标函数的对数曲线凹性描述为大自然的告诫，以此提醒人们要么不要掷骰子，要么为掷骰子行为购买保险。

宝藏一瞥

现在，总结一下我们在骰子游戏中学到的东西。（你如果跳过了数学内容，可以在这里跟上进度，尽管这意味着你只能信任我的结论。你错过了所有激动人心的发现，真是替你遗憾！）

首先，你已经了解复合动态系统对风险缓释的意义。具体而言，你已经了解损益倍增的动态系统（连续的复利）如何随时为你带来财富。你已经知道，通过风险缓释，这些动态变化会如何影响复合增长率期望值。损失越大，增长率越会以增量的、不成比例的方式下降，远大于可见的损失量。**并非所有的损失和风险都是均等的，因此并非所有的风险缓释都是等效的。**

作为投资者，我们的目标是最大限度地提高财富的复合速度，而财富是随时间推移唯一实现的结果。这是投资的首要原则之一，现在我们称其为丹尼尔·伯努利投资原则。它需要提高或最大化所有潜在期末财富结果的几何平均期望值——或中位数期望值。更理想的状况是，提高或最大化所有其他百分位数期望值。为此，我们需要将凹的对数函数作为目标函数。不要坠入伯努利瀑布！

简言之，为了在血腥的"运气之战"中获胜，我们需要一个**收益率更精准的风险缓释策略**。

最重要的是，你已经了解了实现这一目标的基本方法——圣彼得堡商人贸易法，以及几乎所有具有成本效益的风险缓释方法。它来自两个基本的避风港策略：价值存储避风港（或凯利最佳下注策略）和保险避风港。这两种避风港代表了两个极端。我们将在第二部分看到，在现实世界，当具有成本效益的避风港真正存在时——如果真的存在，它们会落在此范围内的某处。落点不同，其成本效益可能会有很大的差异。

最重要的是，我们现在有了创建避风港假设的演绎方法。

我们正在寻宝，手里有一个指南针，面向正北——最大化我们的复合增长率。我们仍在寻找通往地下宝藏的路径，但确信离它越来越近了。

第二部分

验证假设

―――― 第四章

―――― **分类法**

本质主义

　　避风港的本质是什么？我们如何区分避风港与非避风港，更重要的是，如何区分优质避风港与劣质避风港？

　　作为投资者，这些问题直接关系到我们的核心目标：通过降低风险来增加财富。目标的自我提醒很重要，因为投资界人士会让我们相信它不可能实现。在他们眼中，风险缓释有不可避免的弊端——是打着谨慎的旗号提出的不合理建议，它以避免负面结果的名义接受负面结果。但我们相信，确实有可能在增加财富的同时降低风险，所以最好确保我们选择的是最佳避风港。我们不能指望现代投资组合理论的追随者给出答案，他们即使能够直面问题，也无法用其掌握的简陋工具来回答它。如果天真地期望有人将避风港齐整地放到盒子里双手奉上，信誓旦旦地说"相信我，它是有效的"，**我们还不如放弃魔鬼骰**

子游戏的科学严谨性，去寻求穷途末路、孤注一掷的游戏。

我们必须埋头苦干（振作起来，这没有那么难），钻研我们的问题，即避风港是"什么"，它"如何"运作，如何比较。我们再次运用亚里士多德的第一性原理，用自然主义者的工具为自己赋能。我们的研究是绝大多数投资者（包括专业人士）从未思考过的。为了完成这项工作，需要用正确的分类法对避风港中的"物种"进行命名、描述和分类，还需要使用具体的语言，理解其重要性。

人们通常会接受有关避风港分类的惯用说法，就像我们之前的定义，将避风港视为一种收益，这种收益可以降低风险，或投资组合中潜在的经济损失。因此，具有成本效益的避风港是随着时间的推移增加财富的避风港。但是，我们如何在避风港奏效之前识别其能力？（后知后觉有什么用？）它们有何特别之处？是否具有某种本质特征，或者可以按照其他标准清晰地界定？

更笼统地说，"避风港"是一种被我们称为"类"的可分类事物，还是具有共同特征的群？如果是后者，它们基本上是同质的吗？如果不是，**我们如何进一步组织其变体，以便更好地理解它们，最重要的是，如何更好地使用它们？**

在涉及物种或物种问题时，生物学家也面临相似的分类难题：如果划分生物物种（即所谓的物种概念）的方法不一致，且找不到解决方案，我们如何确定甚至假设某个物种？

本质的概念来自本质主义框架，可以追溯到柏拉图和亚里士多德。本质主义根据固定的本质或"本质"属性对物种进行分类。柏拉图的思想或形式理论理想化、卡通化地完美再现了现实世界所有杂乱无章的概念。这种混乱只是"非本质属性"特征的表现，而纯卡通形式才是理解本质不可或缺的媒介。柏拉图将其视为唯一真实的现实；世界只是一种幻觉，充斥着各种形式的有缺陷的复制品。在其关于洞穴的寓言中，柏拉图认为我们都是囚徒，只能看到投射在洞穴墙壁上的影子，而看不到洞穴之外投射这些影子的真实形体。如果他是正确的，那么尝试解读事物的本质就是有意义的。

一个好思路是：去除事物非本质属性的部分，画出一张简洁、抽象的卡通图。一旦理解了卡通的本质，你就理解了该事物，或者理解了它背后的逻辑。

将事物划分为"自然类"的关键是归纳其共性，这些共性对类中的成员来说是"必要且充分的"。对此，柏拉图有一个耸人听闻的说法，"在自然的关节处切割"——用最自然、最本质的方式区分事物，以实现对事物的理解。

首次对生物进行系统分类的人是柏拉图的学生亚里士多德。（作为世界上第一位真正的科学家，他首先是一位生物学家。）自那时起，以这种本质主义的方法对事物进行分类和分组，一直是自然主义者和科学家普遍思考与发现的基础。研究分类的科学被称为分类学，推动其发展的内在动机是，通过将相似的事物或概念进行归类来理解事物，从而建立知识的框架。

亚里士多德的基本分类体系沿用至今。但他从未真正详述其做法，大概是因为他看到了分类的不可靠："明确地划分出分界线是不可能的，也不能确定中间类别应该归于哪一边。"（除了人类，他甚至从未试图定义过一个"物种"。）

亚里士多德的本质主义思想较少涉及本质"属性"，更多地涉及基本"功能"（这是一切的首要原则，甚至是投资的首要原则）。他关注的重点不是光怪陆离的基本属性，而是这些属性和部分与环境相互作用的方式。本质是指有机体的功能和发育在环境中的成功程度，即功能性本质主义。

从这个意义上说，亚里士多德和19世纪自然主义者兼生物学家查尔斯·达尔文的共同点要比人们通常认为的多（有一点除外，亚里士多德喜欢思考骰子，达尔文则沉迷于每晚的双陆棋游戏）。一开始，达尔文对物种的存在持怀疑态度。特别是生物的多样性和变化如此显著，它们不再被认为是静态的。当然，这促使他创建了自然选择理论，完成了著作《物种起源》。

亚里士多德和达尔文在自然界中的观察可以用来指导避风港研究。避风港物种的多样性和变化非常大，以至有可能形成新物种。其成员有着不同的表型，相比之下，其中一些具有更强的优势，或更高的成本效益（更适用）。我们的避风港物种问题是：我们能识别避风港的"本质"，并据此对它们进行分类吗？还是说，它们都是独立的——每一种都自成一类？

让问题变得更复杂的是，我们的分类对象是变动的。避风港的基本特征可能会在某一刻出现，随后消失，就像生物特征会随时间的推移而改变一样。以固定的视角看待它（类似柏拉图所说的永恒不变的本质），就像达尔文之前的许多人思考物种的方式一样，是一种天真的、事后回顾式的谬误。

但是，如果不能根据避风港的本质进行分类，我们就不可能检验骰子游戏对其运作的"猜测"是否属实。如果做不到这一点，那么一切都不过是金融剧场——更模糊的风险缓释叙事。更糟糕的是，它成了一种学术活动。直言不讳地说，如果我们不能识别具有成本效益的避风港，它就只是一个藏身之处——就像船停泊在港湾。（"停在港湾里的船是安全的……"）

差异大于相似

在第一章中，我介绍了我的伯恩山犬娜娜，它或许擅长捕捉土拨鼠，或许不擅长。实际上，我们有三只狗（或者更确切地说，它们拥有我们）：乔乔、吉吉，当然还有娜娜。但我更喜欢将它们称为莫、拉里和卷毛——统称为"活宝"。莫是恃强凌弱、爱打闹的巴哥犬；拉里是毛发蓬乱、被动的西施犬；卷毛是矮胖可爱的伯恩山犬（这似乎并不影响它捕捉土拨鼠）。它们会表演的小把戏极其相似，但这是它们唯一的共同点。如果不了解它们，只是观察其行为，你可能会认为它们是同一犬属的不同品种。

它们有着不同的样貌：捣蛋鬼巴哥犬的脸像青蛙，西施犬的脸像猫，伯恩山犬的脸则像"熊城"伯恩的图腾。这些都是它们的非本质属性，各不相同，独具特色，但这些并不影响它们都是狗。它们的狗性无论是否鲜明，都是其本质属性，是它们作为狗的必要充分条件。就"活宝"而言，本质属性是什么尚不明确。但如果要把它们归类为"活宝"，就必须有人来确定哪些属性是本质的，哪些是非本质的，哪些特征很重要，以及为什么重要。"活宝"的物种界定问题难度很大，因为它们的不同之处多于相似之处。（"生物物种概念"是通过杂交来定义一个物种的。即便如此，伯恩巴哥犬的想法仍会造成认知失调。）

在投资策略中，价值投资是分类问题的最佳例子。价值投资的概念由本杰明·格雷厄姆提出，即购买那些价格低于内在价值的证券——并且认可其内在价值的意义。格雷厄姆所说的内在价值主要是指公司资产的账面价值或有形资产价值。而他说的"价格低于内在价值"即沃伦·巴菲特所说的"雪茄烟蒂"，或者换句话说，购买像还能再吸最后一口的烟蒂那样还有一点儿剩余价值的公司，并据此定价。这些公司的利润率和投资资本收益率通常很低。事实上，大多数基本的价值筛选结果往往与这种低投资资本收益率一致。不过，被认为有史以来最伟大的价值投资者沃伦·巴菲特却明确根据投资资本的高收益率来筛选股票。一家公司的内在价值会因其投资资本较高的期望收益率而获得提升，由此可以创出相对于其股票价格的价值。在价值型股票中很难找到物种的本质。它们差异很大，而且差异在持续变化，"非本质属性"太多了。价值可能会成为一种误称。

要找到避风港的本质也许更难。然而，无论如何，人们都在不经意间对它们进行了归类。

它们更像是异质的集合,而不是同质的集合。我们将了解到,并非所有的避风港都实力相当。事实上,并非所有的避风港都是避风港,当然也只有极少数(如果有)是具有成本效益的。

但我们有责任找到答案,至少要建立一个标准来衡量其差异。

表型

我们需要一个避风港概念或定义,以确定是否应该将某些投资纳入这一类别。我们需要描述最基本的卡通避风港形式。让我们从表型开始——表型是生物体与环境相互作用时可观察到的特征或反应,也是探寻避风港卡通本质的最佳方式。避风港与环境相互作用的方式,或其功能性本质主义,是收益随宏观经济环境变化的另一种说法。我们已经看到之前的骰子游戏所定义的收益,它取决于其他事件,比如掷骰子。对一系列结果来说,骰子的状况区分了收益的多少。避风港的收益也不例外。我们将从两个维度来定义卡通收益:暴跌期收益和非暴跌期收益。

在本书第一部分,我们了解了避风港的两个极端:价值存储避风港和保险避风港。我将在该范围的中间位置添加另一个数据点,我称为"阿尔法"避风港。

图 4-1 是避风港的三种典型分类：

	暴跌期收益率	非暴跌期收益率	收益类型
价值存储避风港	+或0	+或-	低相关性
阿尔法避风港	+	+或-	负相关性
保险避风港	+++…	-	凸性（在暴跌期收益激增）

图 4-1 避风港的三种典型分类

以上类别代表了在更混乱的现实世界中避风港的全部收益范围——通常表现为不同种类的混合。我们看到，这三种典型避风港的本质属性是它们在（或面临）暴跌时的收益。因此，非线性或弯曲的收益形态越来越明显。

从本质上说，价值存储避风港的收益在时空层面基本上是固定的，比如年金，甚至非生产性实物资产。关键是，它与系统性风险的相关性较低或没有相关性。（这是其他人的说法，我更愿意说是对系统性风险的敏感性较低或不敏感。）因此，它为暴跌的发生提供了缓冲和"干粉灭火剂"。这基本上相当于稀释风险。

阿尔法避风港类似于价值存储避风港，只是其相关性预计为负相关。这意味着，尤其是在暴跌期，它有望产生某种形式的正收益。可以将其想象为有关避风港的安全投资转移，这一策略让投资在暴跌时升值。

避风港的第三种类型是保险避风港，它是阿尔法避风港更极端的例子。相对于其他时期的期望损失，暴跌期特别需要保险避风港来获得巨额利润，或单位成本的高暴跌期收益。换句话说，它对暴跌而言必须是高度凸性的。描述这种凸性概念的最佳方式是激增的收益。作为支付一定金额（以保险费的形式）的回报，当投保的事件（暴跌）发生时，你会得到一笔保险赔偿金。这两个金额（一大一小）之间的不对称程度直接衡量了收益的凸性。

这类似于对运动表现、日常健康、准备晚餐等事情来说非常重要的爆发力。用帕维尔·塔索林的话说，力量"需要体能和速度的精准结合"。力量训练引发了他所说的"迷之效应"——与我们稍后了解到的保险避风港的收益激增没什么两样。

就像我的三只狗一样，它们在很多方面都是不同之处多于相似之处的。我们将在后面的章节了解到，即使在同一品种的内部，情况也是如此。（我之前有一对儿巴哥犬，帕帕吉诺和帕帕吉纳，它们是乔乔的前辈，这两只狗也截然不同，一只是神经质的纽约巴哥犬，一只是胡作非为的乡下巴哥犬。）

让我们通过三种典型避风港（收益范围）的卡通原型，为分类方法增加一些具体内容。它们是根据标准普尔500指数同步收益率确定的。标准普尔500指数是由美国500家市值最大的上市公司组成的股票市场指数。它无疑是衡量这些公司股票业绩最受认可、最恰当的指标，也是衡量总体宏观经济的指标。

图4-2是三种典型避风港的卡通版收益概况图。就像我简化尼古拉的骰子游戏一样，它是卡通化的，但没有损失任何意义：

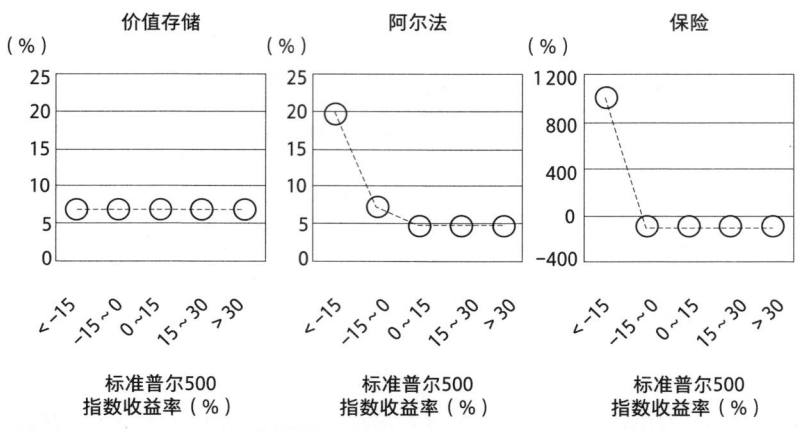

图 4-2 三种典型避风港的卡通版收益概况图（基于标准普尔 500 指数同步收益率）

　　就像我们的骰子游戏有三种收益率一样，在标准普尔 500 指数年化收益率的五个相应范围内，每种避风港的卡通原型都有简单的动态业绩。（我们将其视为合同或有支出，无噪声或交易对手风险。）

　　我们选择标准普尔 500 指数的这些收益率范围来确定避风港收益率的依据是，它们是投资组合中系统性风险敞口的天然代表。也就是说，标准普尔 500 指数代表的正是我们试图降低的投资组合风险，它很好地体现了广泛的资本敞口及宏观经济扩张和紧缩带来的损益。

　　无论标准普尔 500 指数的收益率如何，左边价值存储原型的年化收益率都固定在 7%（如同年金）。换句话说，它提供的是不变收益率，在暴跌时与标准普尔 500 指数的相关性为 0。

　　中间的阿尔法原型在暴跌时（标准普尔 500 指数全年下跌大于等于 15%）获得 20% 的年化收益率，在第二个时期（标准普尔 500 指数下跌小于 15% 时）获得 7.5% 的年化收益率，在其他两个时期获得

5%的年化收益率。它在暴跌时提供了一个很好的负相关性，并且总是正利差。（它显然是阿尔法避风港的高度理想化版本——无论如何，所有投资者都会选择它。）这有点儿像系统性趋势跟踪商品交易顾问（CTA）策略、全球宏观策略和长期波动性策略，甚至黄金的预期表现。也像是标准普尔500指数的"平值期权"——你实际上是为了拥有它而付费。

右边的保险原型在暴跌时获得1 000%的暴利，而在其他时期则每年损失100%（只要标准普尔500指数下跌不超过15%）。正如我们所看到的，对暴跌而言，它是高度非线性的或凸性的——"10∶1收益"或"损一赔十"。这是一只十倍股（tenbagger），来自彼得·林奇的文章《那些了不起的十倍股》，"十倍股"这个词是从棒球运动中借鉴而来的（例如twobagger是二垒打）。他用tenbagger来形容"价格增长10倍的股票"（当然，他并没有像我的例子这样，特别提到是在一年的时间里）。

我更愿意把保险卡通原型提供的非对称的、激增的下行保护称为暴跌获利。这种收益多多益善。

风险缓释反讽

避风港的一大问题是，它们不一定都具有成本效益。仅仅因为一项资产或策略被归入避风港，并不一定意味着你会甘愿将其纳入投资组合。即使是在每个品种内部，不同之处也多于相似之处。

避风港的成本可能非常高，以至作为一种疗法，它们可能比疾病本身的危害还要大。尼采说得好："与怪兽搏斗的人应谨防自己变成怪兽。"这就是风险缓释的反讽（命运喜欢反讽）。

这种反讽经常发生。以"伊斯特兰号"为例。为避免1912年泰坦尼克号的悲剧重演，客船被要求按规定实施安全措施，比如必须携带更多的救生艇。强制性的额外装备使得伊斯特兰号头重脚轻，导致它在1915年突然倾覆，沉入芝加哥河，造成844名乘客死亡。更具讽刺意味的是，伊斯特兰号的遇难者人数甚至超过了泰坦尼克号（尽管泰坦尼克号上的船员更多）。政客和官僚们常常表现出这种善意但短视、狭隘的思维方式。（在《资本的秩序》中，我用大量笔墨描述了护林员和央行行长犯下的这类错误。）在投资者中，这也是一个常见的错误。他们采取各种措施来降低风险，即使以损害、牺牲目标为代价。至少你可以说："我试过了。"

大多数被认为是避风港的投资都有同样的弊病。它们的动作很多，却几乎没有行动。其结果甚至弊大于利——就像与怪兽搏斗却变成了怪兽。在关键时刻，它们根本提供不了多少（如果有）投资组合保护。它们唯一有意义的提供保护的方式是在投资组合中占据很大的配额。问题是，在经济形势好的时候（或者大多数时候），甚至在形势一般的情况下，这种配置也会带来极高的成本或负累。当尘埃落定之后，你会发现，没有避风港可能会更安全。

在此，我们看到了**战略性投资**与**战术性投资**之间的根本区别，**尤其是在避险投资的背景下**。战略性避险投资是指，通过更固定的资产配置来降低投资组合中的系统性风险，让各部分之间的动态作用产生投资组合效应。而战术性避险投资是指，通过定期、频繁进出某些"安全"配置来降低投资组合的系统性风险，目的是在合适的时机节约高避险成本。这种战术性方法是非此即彼的，要么"开"，要么"关"。显然，要经济高效地做到这一点，你需要时机和短期预测能力——你需要一个魔法水晶球。

但这里有一个内在悖论。具有成本效益的风险缓释永远不需要魔法水晶球。我们降低风险的前提是，承认我们没有魔法水晶球；如果你有，那就无须降低风险，当然也无须阅读本书。提醒一下，这个世界根本就没有魔法水晶球！（根据我的经验，越是反对这种说法的人，其"水晶球"越是不堪一击。）如果你的风险缓释策略需要水晶球来助力，你的操作就错了。

在投资的其他方面，你或许可以奢侈地进行预测，但绝对不能预测风险缓释策略，因为错误的代价太大了。不要上当，不要"预测"。

我们即将了解到，为了获得成本效益，避险投资需要持不可知论的观点。

具有讽刺意味的是，卡珊德拉在即将到来的暴跌中丧失的安全感，通常比暴跌本身的伤害还大。（卡珊德拉是非常拙劣的投资者。）市场对我们的威胁远大于对我们的伤害。市场特别擅长让我们在需要警惕时悠然自得，却在应该镇定时惊慌失措。这是它司空见惯的骗局，目的是让投资者失去定力。

具有成本效益的风险缓释不是一次具体行动，它必须是一项长期战略。用亚里士多德的话说："正如一只燕子或一个明媚的日子无法代表春天，一天或一段短暂的时光也不能使人幸福。"同样，任何凑巧的交易或预测都不能降低风险。风险缓释需要的是一种持续的生活方式或习惯，而非暂时的状态。

赝品

遗憾的是，我们只是解释了具有成本效益的风险缓释反讽问题，还没有解决避风港的"物种问题"。事实上，风险缓释反讽恰恰说明该问题多么具有挑战性。亚里士多德所说的"清晰的界限"对避风港分类来说，就像它对动物分类一样模棱两可。我们的思路很宽。有些资产或策略的表现貌似某类避风港，也被认为是某类避风港，但归根结底，它们是完全不同的物种。

我称这种有着微妙差异的中间物种为避风港赝品。图4–3显示了三种典型的避风港赝品。

首先来看赝品中的乐观避风港。它貌似阿尔法或保险避风港，最大的区别是其收益噪声很大，或者非常不可靠。我们将了解到，它常

	现金收益率	非现金收益率	收益类型
乐观避风港	?	+或-	"上帝保佑！"
不安全避风港	-	+	"一直在上涨，所以肯定安全！"
多元恶化避风港	-	+	"损失较少，所以值得！"

图 4-3 三种典型的避风港赝品

会在不同的环境中"变形"。也许平均而言，它的暴跌期望收益率与阿尔法甚至保险避风港相同（尽管可能性不大），但其经历完全违背了目的。如果某种避风港需要大量运气来控制风险，那就意味着它的风险更大，而非更小。

将乐观避风港当作风险缓释的理想避风港，就像背着不一定会不会打开的降落伞从飞机上一跃而下。你最好一开始就不背这个降落伞，对所冒的风险做出更明智的判断。

对乐观避风港的信念来自"了然于胸"的普遍心态。它源自两种常见的谬误——避险投资的回顾性谬误和前瞻性谬误，我们需要加以识别并小心防范。我恳请大家"不要预测"，此类避风港就是预测的必然结果。

这两种谬误是相互关联的非形式谬误，是完全错误的推理。更糟糕的是，这种错误推理不仅是对意外的无知判断，而且是一种蓄意欺骗，目的是销售某种策略或服务（毕竟，投资行业骗术横行，有大量伪劣的投资管理服务可供出售）。

简言之，避险投资的回顾性谬误是周一上午的"扶手椅四分卫"（意思是在比赛结束后，坐在扶手椅上对球员的表现进行评判，而非在周日的 NFL 职业橄榄球大联盟比赛进行时实际参赛），是在他人做出决定之后进行的事后猜测或重演。更正式的称谓是回溯决定论、后视偏差，或者，最确切的说法是"一直都知道"现象——人们认为，一系列事件（如市场崩盘）是在特定的历史状况下以某种方式发生的，因此所发生的事件是这些状况的必然结果。在某种程度上，风险好像总是显而易见的，可以被预测，上次崩盘在回顾时总是合情合理的——这些判断基于我们现在已知的情况，而非当时未知的情况。是不是很荒唐？

人们从回顾性谬误中得到自视甚高的见解，很容易将其推而广之，变成对未来的宏大预测，并进一步转化为高明的风险缓释策略。人们向来如此。我称其为避险投资的前瞻性谬误，它表现为对宏观经济和市场时机的预测技巧——其假设是，下次崩盘会具有与以往崩盘相似的特征和内部市场关系（或"交叉相关"）。下次崩盘很少具有同样的特征。或者说，它足以让犯下回顾性谬误的人落入陷阱。借用维克多·尼德霍夫的睿智之言，存在"持续变化的周期"。从各方面看，在无知的和"一直都知道"的风险缓释中，不断膨胀的自满情绪是失败的主要原因。

有可靠迹象表明，这种谬误正在发挥作用——从未真正运用风险缓释策略的人发表了实时大胆的前瞻性言论（周一坐在扶手椅上的人冒充上周日的参赛者）。它与数据挖掘或过度拟合非常相似，无疑是数据科学中最常见的陷阱。从过去的数据，或者仅仅从随机数据中总能找到完美、成功的策略。这些策略有着欺骗性的叙事基础，听起来总是那么合理可信。它们充满诱惑，很吸引人，因此极易被贩卖。遗憾的是，启发式叙事在风险缓释中发挥了巨大作用。这是一座金融剧场。

启发式叙事也导致第二类赝品，即不安全避风港。不安全避风港看起来非常有吸引力，因为到目前为止，这类资产或策略一直处于上升趋势，所以很可能存在某种巧妙的说辞以解释这种上升的原因。然后，逻辑被扩展到暴跌时的业绩。但它们在暴跌时的状态就像其保护性一样脆弱（甚至更脆弱）。也许其脆弱性在之前就已显露端倪，但并没有改变人们对它们的乐观态度。自满是最危险的心态，尤其在风险缓释策略的运用上。（打个比方，不安全避风港就像怀着自己会飞的信念跳出机舱。）

不安全避风港是纯粹短视的、推断性的无知选择，是为配合业绩而编造的故事。甚至用合乎逻辑的陈述来反驳它都是不明智的。最好的做法是：看清其真面目，然后嚼着爆米花袖手旁观。

多元化的教条

第三种多元恶化避风港无疑是最常见的避风港赝品。它普遍存在于几乎所有投资组合。原因是，作为一种风险缓释策略，多元化是核心投资范式（即现代投资组合理论）的支柱。大多数投资者（几乎是所有投资者）已被引导接受这种多元化的教条。人们认为它是"金融界唯一免费的午餐"。

回想一下第二章，多元化的形式概念可以追溯到18世纪瑞士的巴塞尔。为了让圣彼得堡商人的货船抵御海盗，穿越波罗的海，丹尼尔·伯努利提出了一个解决方案：将货物分成小份，装到不同的船上。当时，这种做法增加了商人的风险，现在对我们来说也一样。

彼得·林奇提出了多元恶化概念，多元恶化避风港由此得名。它是指：在投资组合中添加无法相互作用的资产，结果导致投资组合的活力降低。由于这种多元化，投资组合的暴跌期业绩可能会略好于大盘（顺便说一句，大盘也是相当多元化的）。最重要的是，你的波动性会降低。但你的收益率也会降低，因为多元化的代价是在非暴跌期付出较高的成本（其逻辑与暴跌期业绩优异一致）。随着时间的推移，"多元恶化"的最终成本将大于节省的成本（因此有了这个有趣的名字）。

但只要平均收益率的降幅比波动率的降幅小（意味着令人担忧的夏普比率上升），就有可能将其推定为有意义的。

上述观点在很多层面上都是错的——这一极富洞见的评论并非出自我。巴菲特说："投资者只有在不知所措时才需要广泛的多元化。"更重要的是，多元化意味着"承认并不真正了解自己的交易"。

我来补一句：多元化就是承认你不关注风险缓释的成本效益。你只想降低风险，无论付出多大的代价。

你看，从根本上说，多元化是对风险的稀释，而非风险的解决方案。它是一种风险逃避。此外，对波动性的估计被混同为风险。（插一句专业表述，正如波动率是收益率平方的均值的平方根一样，几何平均数是对数收益率的均值的指数。我们在第二章中了解到，只有后者才有真正的经济意义。前者是后者的数学替代品，在某些骰子游戏中表现良好，但在市场中不起作用。）而且，多元化从不像看上去那么美好（相关性也没有表面上那么低）。当投资群体在危机来临四散而逃时，大多数策略和资产会像澡盆里的婴儿一样随着洗澡水被一同泼出。（海盗劫持了所有船只。）情况随时都在变化，没有哪个模型能够预测这种影响。当投资者被迫同时清仓时，曾经稳定的、富有流动性的不相关策略忽然表现出相反的特征。投资者面临的系统性风险总是比他们事前以为的更难以分散。

多元化以更高的夏普比率的名义降低了收益，运用这种策略但不满足于低收益的投资者被迫使用杠杆，以期提高收益。为了在降低风险的同时提高复合年均增长率，真正的风险缓释不应诉诸金融设计和杠杆。这样做会提高投资组合对虚假相关性估计错误的敏感性，从而增加另一种风险。其实在实践中，大多数投资者都限制杠杆的使用（或者明智地不使用杠杆），维持着较低的风险缓释收益率。

因此，多元化要么意味着以较低的潜在风险换取较低的收益率，要么意味着从系统性风险或集中性风险转向杠杆型风险。这不是免费的午餐。天下没有免费的午餐（尽管具有成本效益的风险缓释确实像拿着报酬吃午餐）。

归纳的骰子

我们创造了玩具避风港。在开始游戏之前，需要做一个新玩具来代替第一部分的骰子。

我们正转向现实世界的残酷。骰子游戏的拳击吊袋已经无法满足我们，现在我们要通过避风港原型来提升认知。（一位智者说过："每个人都有自己的计划，直到脸上挨了一拳。"虽然打吊袋、练习拳击与真正的格斗大不相同，但只要没有肘击头部或踢腹股沟等意外发生，它们都是必要的训练。）

在第一部分的各种骰子游戏中，通过观察不同的风险缓释策略，或者避险收益改变不同赌注潜在结果的方式，我们发现了避风港机制。每次投掷都涉及玩家财富倍增的几何级数，这个级数的每次递归迭代都由六面骰子的投掷和与之相关的收益决定。让我们来回顾第三章的内容，不同的收益概况和骰子点数如何为每次投掷创造出离散型概率分布，骰子堆叠的高度表示每种相应收益结果的概率。作为提醒，可再次看一下图3-1。

现在，我们需要用更精细、更接近真实世界的东西来取代六面体骰子，即更多面的骰子。一个骰子能有多少面呢？事实证明，一个均匀的骰子（或具有相同侧面的凸多面体）最多可以有120个面。（当然，完美的对称性是确保其概率一致的关键——你可能还记得，聪明的古人从未真正意识到这一点。）这种120面的"d120"骰子被称为四角化菱形三十面体。d120骰子是存在的，你可以在家里投掷神的终极骰子。

接下来，为了给新分布增添真实感，骰子的每一面都要分配更有意义的收益率——它们不是随意的数字，而应该更接近我们的关注点。我们给每一面分配一个标准普尔 500 指数历史年收益率（每个都是唯一的）。因此要追溯到 120 年前，从 1901 年开始。（收益率还包括所有股息的再投资，代表了标准普尔 500 指数持有人的经历。）现在，每当我们掷出 d120 骰子，无论出现哪一面，都会对应 120 年中的某一年及其标准普尔 500 指数收益率。（为方便起见，我们将点数 1 的那面定为 1901 年，点数 2 定为 1902 年，以此类推，点数 120 定为 2020 年。）

为了产生频率分布，就像堆叠骰子那样，我们可以用 5 个标准普尔 500 指数区间来计算这些收益率，这 5 个区间与之前用来定义卡通避风港收益率的区间相同。图 4-4 是概率分布情况：

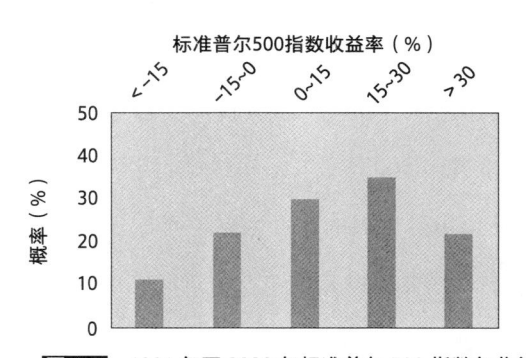

图 4-4 1901 年至 2020 年标准普尔 500 指数年收益率的概率分布

之所以根据标准普尔 500 指数收益率确定避险收益，是因为我们希望调查它们在降低系统性风险时对投资组合的影响，即当它们与投资组合中类似标准普尔500指数的敞口一起出现时产生的影响。用d120骰子和标准普尔500指数收益率分布替换之前的六面体骰子和收益率分布，可以直接观察其投资组合效应。换句话说，之前简单的骰子游戏是有趣的思想实验，现在我们要复制真实的投资组合及其所代表的一切——辛苦挣来的美元、未来的储备金、退休储蓄，以及留给下一代的遗产。其中饱含着深情！

我们的检验只关注年收益率，原因很简单：它们是最直接的，大多数投资组合的再平衡往往是一年一次。但我们的任何结果都不取决于计算年收益率的具体起始日期。

请注意，在过去的120年里，有11年的标准普尔500指数年收益率低于或等于–15%。结果证明，独立地看那段时期，十倍股的保险卡通收益实现了收支平衡，或者说算术平均收益率为0。在同一时期内，阿尔法卡通收益率获得每年+7%的算术平均收益率（当然，固定的价值存储卡通收益率也如此）。

如果感兴趣，你可以进一步分析：尽管相比过去25年的样本，11/120这个标准普尔500指数收益率最低的年份占比较大，但如果在过去25年中使用每月重叠的年度数据（而不是日历年的年度数据），我们就会发现标准普尔500指数收益率最低的年份占比更大。从这个意义上说，我们的自然年d120骰子并未充分反映损失的近期历史概率。总之，我们太保守了。

现在，就像计算骰子游戏的收益一样，我们将投掷25次d120骰子，对每次标准普尔500指数收益率进行复利计算，从而创建一个样本路径。我们用 25 年创造一个典型的长期投资范围——就像我们选择的日历年收益率一样，所有结果对假设都不敏感。这一样本路径与魔鬼骰子游戏中 300 次掷骰子得出的路径没什么不同。与魔鬼骰子游戏一样，我们可以继续投掷，获得 1 万条 25 年路径。（如果快些，时间不会超过一周。）

图 4-5 显示了 25 年的每条路径，再次以熟悉的形式展现出由 1 万条不同路径组成的云团（多元宇宙中结果的样本空间）。每条路径的末端是 25 个随机选择的标准普尔 500 指数年收益率，每条值都用右侧的频率分布表示。

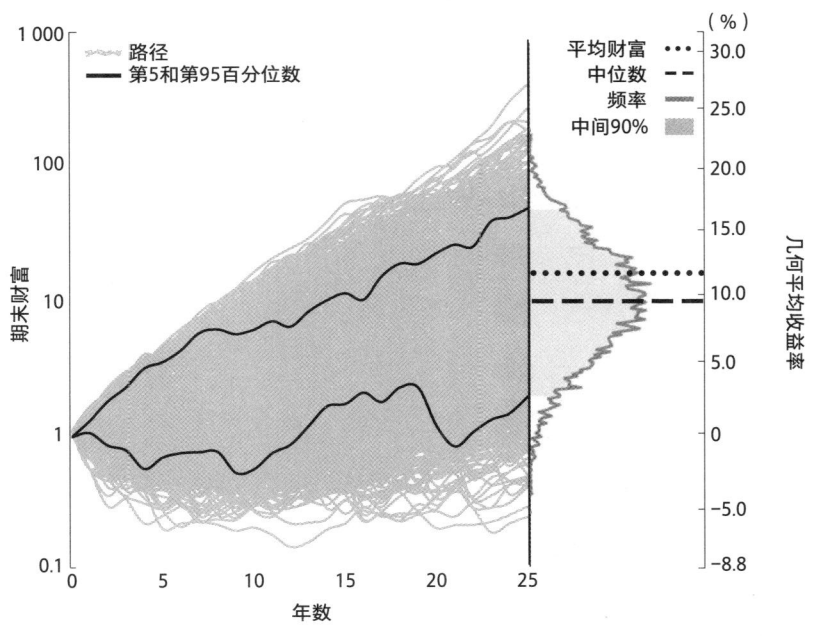

图 4-5 投掷 d120 骰子获得的 1 万条标准普尔 500 指数 25 年复合收益率路径

当然，在过去的 120 年中，标准普尔 500 指数只有一条特定路径，实现了特定的年收益率分布（如前所述），以及 9.5% 的复合年均增长率。现在，在 d120 骰子的帮助下，我们可以想象它能产生更多的路径。此外，所有这些可选择的潜在路径都与特定的、已实现的标准普尔 500 指数年收益率的经验分布一致，因为它们是从该分布中提取和创建的。

此处有一个有趣的转折点。通过投掷 d120 骰子，对所有经验市场的观察结果进行抽样，并加以概括，我们现在基本上是在投掷归纳的骰子。

请注意，在所有可能的路径中，复合年均增长率中位数为 9.5%，第 5 百分位数为 2.7%。这两个复合年均增长率值是未来检验的关键。当我们将标准普尔 500 指数路径分布与各种避风港的收益率结合起来，观察接下来的业绩时，它们可以被视为对照组或基线案例。

接下来是研究的有趣之处。

第五章

整体论

时钟里的布谷鸟

我一直记得幼年时美好的一幕：祖父在他狭小的地下室里，手持放大镜埋头工作。祖父是瑞士裔德国人，他的家位于纽约州北部。那时，作为一名退休医生，他正满怀热情地追随前辈的脚步——制造钟表（尽管那也可能是他钻进工作室，躲避祖母的借口）。记得有一天，他在研究一台战前的老式布谷鸟钟。这座钟看起来像一个盒子，更像一座山墙上刻着山羊头的小木屋。他仔细拆开它，小心翼翼地取出里面所有的零件。我花了数小时观察桌上的小零件。小齿轮、杠杆、破烂的风箱，以及毫无生气的木质杜鹃鸟，零零散散，像是一堆准备扔进垃圾桶的碎片。看着这些拆分的零件，我无法想象它们之前作为一个相互作用的整体时所呈现的奇妙表现。

没有哪个独立的零件可以记录时间，即使是大致记录也做不到！

还原论者可能会说，将所有零件都放在雕刻着山羊头的旧木盒里，把它挂在墙上，也不会改变这一事实。那么，为什么不能通过观察组成部分的属性来解释一个物体的属性呢？

就布谷鸟钟而言，还原论的观点不能说服我。原因何在？各个组成部分的功能价值只是它们相互关系的结果。**涌现属性**不存在于单个组成部分中。只有从整体看，这些属性才显而易见。

许多众所周知的系统都有涌现行为，比如鸟群、鱼群、群居的陆生动物、语言、思维、经济、市场等。在这些系统中，相互作用的各部分会产生不可预测、不可还原的复杂行为。（我曾通过研究真实的和模拟的鸟群活动来提高场内交易技能。你知道了一个商业秘密。）避险投资也是复杂系统。

亚里士多德说："整体大于部分之和。"他可能是这么说的，但在《形而上学》中他却不是这么写的。亚里士多德写道："整体并不是部分的累积，而是部分之外的东西。"此外，"整体不等于各部分之和"。就我们的风险缓释而言，亚里士多德的话是高于一切的信条。

就像他的功能性本质主义关注动物相互关联的部分一样，亚里士多德也关注到事物。"功能性本质主义"是更精准的希腊语翻译，更适合我们的语境。我们在圣彼得堡悖论中看到了这一点，整体（游戏中实际实现的财富）远低于预期的各部分之和（所有可能财富结果的平均数）。我们在圣彼得堡商人贸易中也看到这一点，购买一份独立的、带来金钱损失的保险会提高商人的整体几何财富，尽管它会降低平均财富。它也体现在两个魔鬼的骰子游戏——价值存储避风港和保险避风港中。通过将部分现金转移到期望收益率为 0 的赌注中，并远离高期望收益率的赌注，你实际上增加了自己的整体财富，尽管（在多元宇宙中）减少了平均财富。（我希望我已经让你相信，这一切都出于简单的有关复利计算的数学原理，而不是什么魔术。）**整体确实可以远大于各部分之和，尽管不一定总是如此。**

"整体的"（holistic）是一个新词，可以追溯到 20 世纪 20 年代。其含义反映了它的希腊语词根 holos，意为"全部的"。整体是各部分表现出连贯性的唯一参照，而不是散落在祖父桌子上的零件的集合，或扔进协方差矩阵的数字。

就像我小时候思考布谷鸟钟一样，投资管理经常会出现还原论错误。人们单独分析每个部分，也单独分析更大整体（投资组合）中的部分。现代金融学认为，取投资组合中的各部分，了解各部分的算术期望收益率、波动率和协方差，对其进行估值，然后将它们组合在一起，之后汇总算术收益率（尤其是夏普比率或类似的指标），就可以很好地理解整体。然而，最重要的投资组合效应是由各独立部分的递归性、倍增性的交互作用所驱动的，还有时间因素在起作用，这些却被简化为一种更易处理的形式，我直言为幼稚的形式。

就布谷鸟钟而言，它的许多相互作用的部分是独立的、分离的。这种现象被称为弱涌现：各部分的相互作用不会让彼此发生改变，却创造了只有在整体中才能观察到的特性（在部分中无法观察到）。当然，布谷鸟钟的动态是自上而下由钟表匠预先确定的——这种机制可以追溯到 18 世纪。汝拉溪谷的瑞士钟表制造商瞥一眼祖父凌乱的工作台，就能立即想象出整个钟表系统。涌现是相对于观察者而言的。（那些否认战前布谷鸟钟有不可预测和不可还原表现的人，很可能从未拥有过它。）

有人可能会说，弱涌现在前面提到的许多赌注中也发挥着作用。所有下注在整体上具备的属性（尤其是几何平均数或财富中位数）是累加单次下注所不具备的。单次下注的再平衡和复利效应被不断迭代，整体属性来自这种交互作用。如果更细致地观察我们的骰子游戏，你会发现避风港大幅增加期末财富的原因是游戏的迭代性质。每次掷骰子结束，赌注的规模被重置或再平衡，为下一次掷骰子提供资金。因此，避风港可以在主游戏中补充，或增加赌注。特别是，就算上次投掷造成了巨大损失，你也不会屡屡付出惨痛的代价。具有成本效益的避风港让你远离了伯努利瀑布的边缘。它们实际上**改变了骰子游戏**——防止后续下注规模的骤降。现在，这些赌注不再彼此孤立、单独行动，而是相互作用。因此，形成了一个全新的整体，一个与各部分之和截然不同的整体。这就是所谓的强涌现。

在圣彼得堡商人贸易中，这种强涌现意味着，部分赌注的价值只能相对于整体赌注而言。其自身价值（就商人的保险合同而言，每批货物的平均损失为 300 卢布）在与其他部分结合时表现出截然不同的状态（结果是每批货物总收益为 119 卢布）。

这就是投资的**相对论**：我们无法确定一项投资，特别是风险缓释投资的单一价值。相反，它的价值是独一无二的，是相对于观察者而言的，或者说，是相对于观察者的整个投资组合的更大视角而言的——特别是，它与该投资组合的倍增动态相互作用的方式是独一无二的。因此，风险缓释投资具有很高的**情境依赖**。确定现代金融分析框架的传统还原论回避的正是整体因素。

睁开双眼

有句古老的俄罗斯谚语是这样说的：

> 沉湎于过去，失去一只眼。
> 忘记过去，失去双眼。

如果只看到事情发生的一种方式，并将其视为唯一可能的结果，换句话说，如果过度推断过去，就会陷入所谓的朴素经验主义。为了避免这种情况发生，我们需要在许多可能发生但从未发生的路径背景下审视过去，思考这些结果。我们将使用一种被称为自助法的技术，这是对抗朴素经验主义的公开尝试——它让我们睁开双眼。

最重要的是，有了自助法，我们不需要特定的模型来描述标准普尔 500 指数收益率在未来的分布情况。当然，我们总能想出一些模型。如果这样做，我们很可能想要从过去的数据中拟合出一个分布，就像用新的四角化菱形三十面体 d120 骰子掷出过去 120 年的数据。

现在，除非使用复杂的、带有多个参数的自然分布来拟合数据，否则我们兜了一圈又回到起点。人们会因此给予我公正的指责，说我为了证明自己的观点故意捏造了这些参数。这就是我们使用自助法的原因。用专业术语来说，自助法被称为非参估计，因为它避免了分布假设。所以，与第一部分中骰子游戏的目的一样，我们使用自助法的目的是保持审慎、简单、直观，最重要的是保持透明。我们只需要d120 骰子，一切都是摆在明面的。

现在，回想一下，我们想观察上一章三种避风港的卡通收益对标准普尔 500 指数投资组合的影响。具体来说，我们希望在降低系统性风险时观察它们的投资组合效应。

在上一章中，我们创建了 1 万个标准普尔 500 指数 25 年的复合收益率路径（通过投掷 10 000 × 25=250 000 次 d120 骰子），实际上已经开始使用自助法。这些路径是我们的"替代历史"，或者说，我们不仅知道标准普尔 500 指数收益率的实际路径，而且知道它可能发生的更多路径。

按照本书一贯的形式，我们在每条路径中，将 25 个标准普尔 500 指数年收益率与 25 个避风港收益率进行匹配，对应三种避风港的卡通收益率。我们为价值存储、阿尔法和保险避风港三种投资组合分配的权重分别是 36%、28% 和 2%（稍后会解释权重分配背后的原理）。一旦形成三种新的标准普尔 500 指数风险缓释型投资组合（每次骰子投掷后，都会再平衡避风港配置），我们就可以将它们的复合业绩与标准普尔 500 指数进行比较。

这就是自助法（它是"有放回的"，因为无论何时掷出某个点数，我们都可以再次掷出该点数）。这个概念的灵感源于循环"自助"（就像虚构人物蒙赫豪森男爵所称，他是靠拽着自己的头发从沼泽中出来的一样）——我们是从另外的样本（标准普尔 500 指数过去 120 年的收益率）中循环采样（投掷 d120 骰子）。

我们可以同时为标准普尔 500 指数投资组合以及标准普尔 500 指数 + 避风港卡通投资组合掷骰子。然后，分别计算二者的几何平均收益率（或复合年均增长率），从而在同一基准上，为相互竞争的投资组合提供风险缓释记分牌。请注意，自助法允许我们使用不同的风险缓释策略去运行和观察多条路径，就像与魔鬼玩多次游戏一样，尽管现在使用的不是大家非常熟悉的标准六面体骰子，而是有些陌生的多面体骰子。

如果此刻你略感困惑，那么我简单概括一下：我们基于过去 120 年的标准普尔 500 指数收益率，精心设计了一个试验，可以同时检验标准普尔 500 指数投资组合以及标准普尔 500 指数 + 避风港卡通投资组合的结果。理解了吧？好，让我们现在开始吧！

临床试验

上一章我们以三种虚构的卡通收益形式创建了三种典型的避风

港。现在，是时候检验它们在临床试验或实验中的功效了。制作这些卡通避风港原型的目的是，将第一部分关于具有成本效益避风港的"猜测"形式化。根据费曼的建议，下一步是"计算猜测的结果，看看如果猜测是正确的，意味着什么"。

到目前为止，本书所有内容都指向这一点：检验风险缓释是否能够以及如何通过降低风险来增加财富。这是激动人心的时刻，因为它有悖于我们的所学、所想。

就像在生物医学试验中一样，我们正在构建并检验关于避风港干预或疗效的假设。也就是说，这种避风港疗法是否具有成本效益？其副作用（或代价）是什么？它是否在统计学意义上增加了净值？

将自助法之下每种风险缓释投资组合的相对表现，视为对每个卡通避风港原型假设的检验结果。如第一章所述，我们的零假设是："某种策略可以具有成本效益地降低投资组合的风险。"我们的目标是，基于否定后件的演绎推理来证伪这一零假设，可以通过否定条件前提来做到这一点："添加该策略会随着时间的推移提高投资组合的复合年均增长率。"如果否定了该前提，就否定了零假设。将标准普尔500指数作为对照组或基线案例，检验我们的三种风险缓释投资组合，判断其复合年均增长率是否相同，形成简单明了的显著性检验。

概括地说：避险投资既有可测量的算术成本，也有可测量的几何效应。当避风港的效应超过其成本（投资组合的净效应为正）时，它

就具有成本效益。

图 5-1 显示了各类卡通避风港的风险缓释记分牌，展示了我们的试验结果。你可能发现它们似曾相识。其框架与魔鬼骰子游戏中叉与圈收益概况图的框架完全相同，目的是确定每种风险缓释策略的影响。

图 5-1 的上数第一行描绘了标准普尔 500 指数 120 年的年收益率频率分布（分为 < –15%、–15% ~ 0、0 ~ 15%、15% ~ 30% 和 >30% 五个区间）。第二行是标准普尔 500 指数收益率概况（请注意，由于这只关乎标准普尔 500 指数，所以整行都相同）。第三行是各类避风港的收益率概况。第四行是混合型投资组合的收益率概况。右边的两列（标有"自助法"）显示各类别及整体的算术收益率，与标准普尔 500 指数之差在底部显示为"成本"。此外，你可以看到几何平均收益率或复合年均增长率中位数。**这就是我们每个风险缓释投资组合的相对得分。**复合年均增长率的影响，或者与标准普尔 500 指数的差异（显示为"净利"）决定了哪种风险缓释策略在我们的记分牌上处于领先地位。

添加卡通避风港后，标准普尔 500 指数投资组合的算术平均收益率（11.4%）在三种投资组合中都会降低：添加价值存储避风港，算术平均收益率降至 9.8%（–1.6%）；添加阿尔法避风港，降至 10.1%（–1.3%）；添加保险避风港，降至 11.2%（–0.2%）。原因显而易见：每类避风港自身的算术平均收益率都低于标准普尔 500 指数，混合型投资组合的算术平均收益率是其组成部分的加权平均数。或者，简单

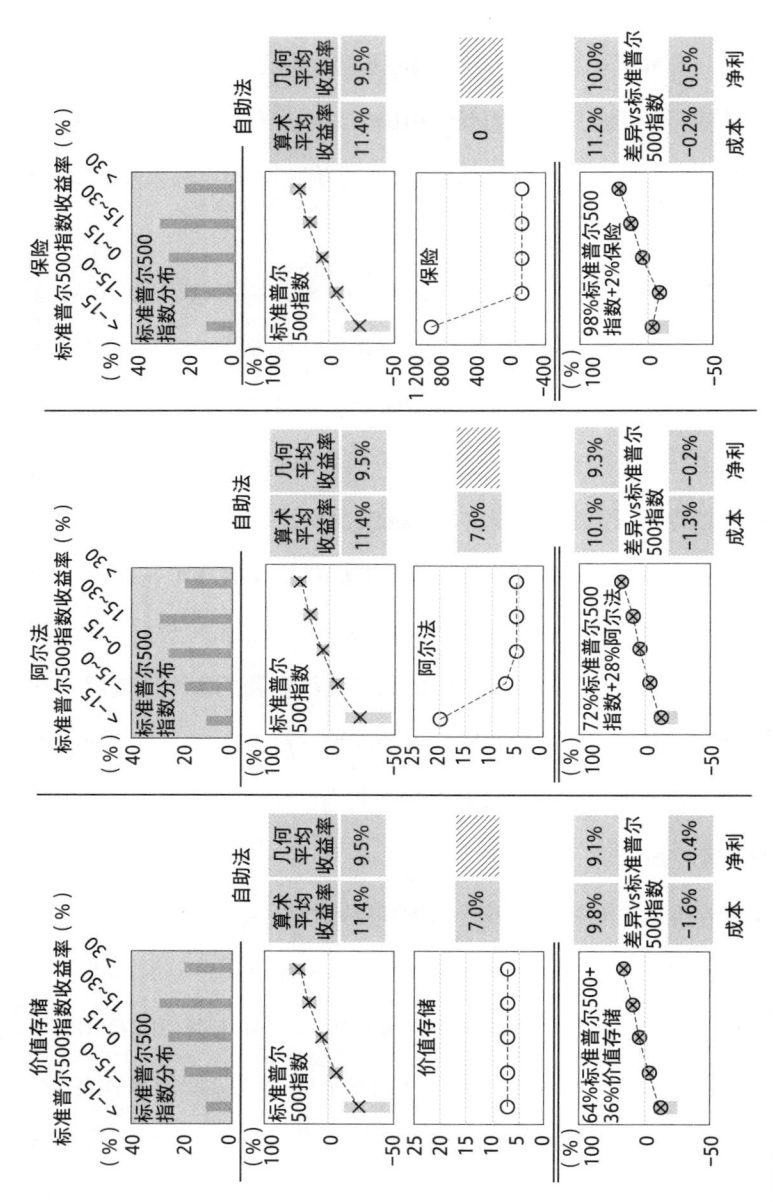

图 5-1 叉与圈收益概况图：风险缓释记分牌

地说，用较大数字（标准普尔 500 指数平均数）平均较小数字（避风港卡通平均数），其结果总会低于较大数字。如图 5-1 所示（以及前面提到的），价值存储避风港和阿尔法避风港的独立算术平均收益率都是 7%（是的，设置目的就是让它们在算术基础上相等）。保险避风港的独立算术平均收益率为 0。

然而，每种投资组合的几何平均收益率（或复合年均增长率中位数）更为微妙：在价值存储和阿尔法风险缓释投资组合中，复合年均增长率中位数分别从标准普尔 500 指数投资组合的 9.5% 降至 9.1%（-0.4%）和 9.3%（-0.2%），但在保险风险缓释投资组合中，复合年均增长率中位数提高至 10.0%（+0.5%）。

根据自助法的经验估计，我们以 95% 的显著性水平知道，标准普尔 500 指数的复合年均增长率中位数落入 9.4% 至 9.6% 区间。这是复合年均增长率中位数的 95% 置信区间。因此，**复合年均增长率中位数 9.4% 设定了零假设 95% 的拒绝边界。**

价值存储投资组合的复合年均增长率中位数是 9.1%，低于 9.4% 的拒绝边界。因此，我们必须（以 95% 的显著性水平）拒绝这一零假设，即价值存储卡通收益是具有成本效益的风险缓释策略。它不符合要求。同样，阿尔法投资组合的复合年均增长率中位数 9.3% 也低于 9.4% 的拒绝边界，因此，也必须（以 95% 的显著性水平）拒绝它是具有成本效益的风险缓释这一零假设。它被淘汰出局。

但保险投资组合复合年均增长率中位数是 10.0%，不低于 9.4% 的拒绝边界。显然，不能（以 95% 的显著性水平）拒绝保险卡通收益是具有成本效益的风险缓释的零假设。（请记住，我们无法证明什么是有效的，只有当它无效时才能否定它。）因此，保险投资组合胜出——在风险缓释投资组合领域处于领先地位。（这也是一件好事，否则本书的结局会很惨。）

从这个角度来看，如果将 2% 的收益分配给固定的年金（或另一种价值存储固定收益），以使投资组合的几何平均收益率提高 0.5%（达到保险收益的效果），那么年金的收益率必须超过 30%，这显然是一个很高的要求。将其与保险收益率做一个比较——保险收益率提高 0.5%，年均收益率为 0。

这个例子一目了然，证明了整体确实远远大于部分之和。它也是从算术收益率较低的帽子中拽出几何收益率较高的兔子的另一个例子。（我向你保证过，保险卡通收益激增的暴跌期获利会产生"迷之效应"，情况就是这样。）

我们的记分牌是根据几何平均收益率（或复合年均增长率中位数）来计算的。几何平均路径是中位数路径，或第 50 百分位数路径，当将其最大化时，我们就是在提高射击的精度（杂乱对象的中心）。但正如我们从凯利准则中了解到的，在某种程度上，这是随意选择了要最大化的百分位数，甚至是对其他百分位数的歧视。

我们调整了每种投资组合中每类避风港的配置规模。图 5-2 是三种卡通避风港风险缓释投资组合第 50 和第 5 百分位数结果（期末财富和复合年均增长率）的动态图：

```
                价值存储              阿尔法                保险
        0 20% 40% 60% 80%100%  0 20% 40% 60% 80%100%  0 20% 40% 60% 80%100%
    40.9 ┤                                                                   ├ 16
                                                                              复
    17.0 ┤                                                                   ├ 12  合
    期                                                                            年
    末   6.8 ┤                                                               ├ 8   均
    财                                                                            增
    富                                                                            末
        2.7 ┤         36%配置        28%配置          2%配置                 ├ 4   率
                                                                              （
        1.0 ┤                                                                 ├ 0   ％
                                                                              ）
        0.4 ┤                                                                 ├ -4
```

———第5百分位数 ———第50百分位数

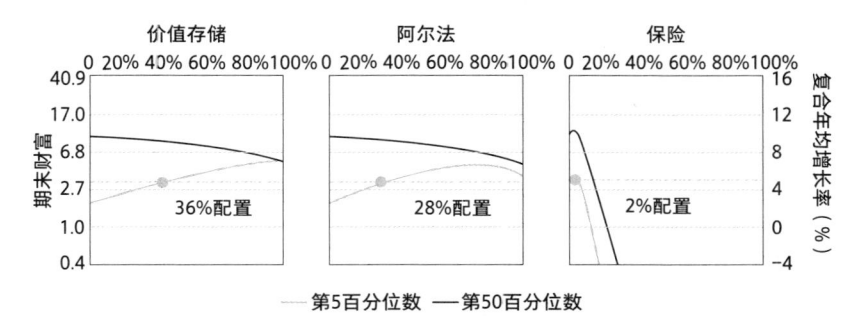

图 5-2 寻找最优卡通避风港配置规模

与投保的骰子游戏一样，大致相同的保险配置规模最大化了第 50 和第 5 百分位数的财富结果（以及所有的百分位数结果）。而其他避风港则不具备这种最大化的一致性（就像凯利准则），你必须选择任意的点估计来最大化。（要是萨缪尔森仍能发表意见，他会说"证明完毕"。）

我们还看到，"金发姑娘"权重适用于保险配置：不冷不热。你只需要为保险加一撮盐，它就成了这道菜最重要的配料。

为了正确地构建风险缓释投资组合，在同一基准上对其风险缓释的成本效益进行比较，我们需要将每种投资组合的风险程度标准化。最好的方法是使其不良路径（最差的情况，如第 5 百分位数路径）的结果相同，见图 5-2 的虚线。我们为价值存储、阿尔法和保险避风港配置的权重分别是 36%、28% 和 2%，对应这些风险缓释投资组合复合年均增长率第 5 百分位数的 4.8%。你可以看到，在这三种投资组合中，选择 4.8% 作为理想的、一致的复合年均增长率第 5 百分位数，原因是它同时最大化了三者的第 5 百分位数。这就是我们在分析过程中为各类卡通避风港选择配置规模的方式。

与第三章讨论的部分凯利下注非常相似，它有效地最大化了低于第 50 百分位数（凯利最大化的那个百分位数）的结果。通常情况下，它们并非同时最大化。（显然，价值存储或阿尔法投资组合的结果对我们选择的第 5 百分位数 4.8% 并不敏感，因为其结果中位数随配置规模的增大而降低。）

请注意，相较于其他两种投资组合，保险投资组合 98% 的标准普尔 500 指数配置要大得多（其他投资组合的标准普尔 500 指数配置分别是 64% 和 72%），而这三种组合都处于同样的不良路径（第 5 百分位数路径）。我们看到，具有成本效益的风险缓释不仅可以降低隐患或系统性风险，也可以让你承担更多风险（更大比例的标准普尔 500 指数配置）。

请注意，对三种避风港投资组合来说，从标准普尔 500 指数复合年均增长率第 5 百分位数的 2.7% 到风险缓释投资组合复合年均增长率第 5 百分位数的 4.8%，这是一个很大的增幅。我们已经设定了各类避风港的配置规模，使每种风险缓释投资组合在可能结果的范围内都有相同的**调整后精度**——能够在同一基准上进行比较。然后，我们可以看到它们的复合年均增长率第 50 百分位数的差异，或其准确性，以确定哪一个是威廉·泰尔的精准一击。

我们正在跟踪每种投资组合的复合增长率——它们具有相同的风险规模。因此，不同风险缓释投资组合的复合年均增长率差异表现为可见的显性成本，而不是隐蔽的隐性成本。如果不在同一基准上比较，那么相对于多数情况下保险避风港的明显显性成本，价值存储和阿尔法避风港较高配置产生的隐性成本（标准普尔500指数配置比例）很难被察觉到，这两种成本在经济上同等重要。

只有一个记分牌，那就是在我们脚下这条路径上资本的复合比率。所以，无论是第50百分位数还是第5百分位数，我们都要走好脚下的路（尼采的生存要事），而不是走好期望之路。我们正在追求战略优势，完善每条百分位数路径，构建每条百分位数路径的稳健性，目的是确保我们所走的唯一的路顺畅通达。为防止遗忘，再次强调：N总是等于1。

成本与效益的关系

成本效益分析（CEA）是评估不同疗法或干预选择的相对成本和结果（或效果）的方法。其关键是提供一个决策过程，权衡不同干预选择的成本和效果。（它最常用于医疗保健领域。）效益的重要性是否证明了成本的重要性？成本效益分析权衡在简单的二维图中最为明显，该图通常被称为成本效益平面图（见图5-3）。通过平面图上成本和效益两个轴，我们可以轻松查看和比较。基线案例（如关照标准）是图的起点（0，0），$y=x$线表示增量成本等于增量效益，因此，不同情况表示为成本效益比。但我们将颠倒轴的位置（成本变成x轴）。我们可以将任何给定的风险缓释投资组合表示为成本效益平面图上的一个点，该点与 $y=x$ 处标准普尔 500 指数基线的偏差代表该投资组合复合年均增长率中位数的超常业绩。

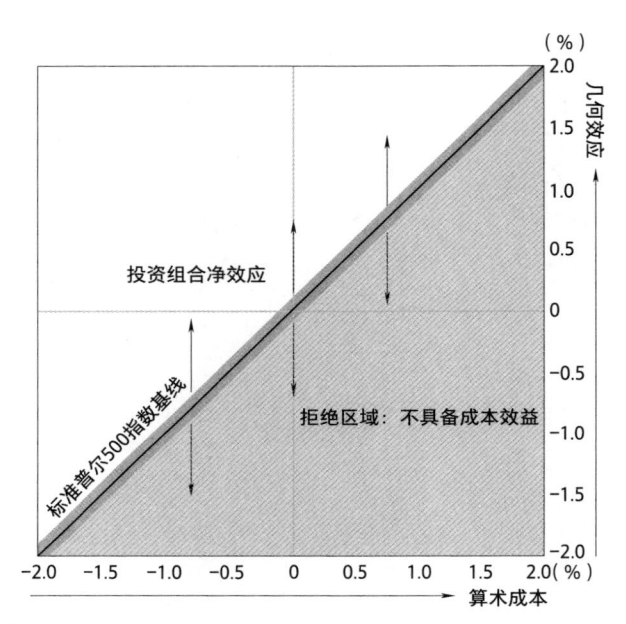

图 5-3 成本效益平面图

在我们的分析中，x 轴的算术成本只是将每个卡通避风港收益添加到标准普尔 500 指数上的算术平均收益率的变化，或在叉与圈收益概况图底部标记"成本"的单元格（尽管正负符号反过来了，因为叉与圈收益概况图中的负数在这里是正成本）。在叉与圈收益概况图底部标记为"净利"的单元格——或将卡通避风港收益添加到标准普尔 500 指数后的复合年均增长率中位数——表示为高于对角线标准普尔 500 指数基线的任何点，我们称为投资组合净效应。最后，y 轴上的几何

效应是 x 轴上的算术成本与投资组合净效应之和。

当算术成本等于几何效应时，风险缓释投资组合的复合年均增长率中位数与未添加风险缓释的标准普尔 500 指数投资组合复合年均增长率中位数相同，且该点位于对角线上的某个位置（取决于成本和效益的大小）。点的位置越是高于风险缓释投资组合的对角线，其成本效益越大，反之，其成本效益越小。

标准普尔 500 指数的对角基线与其复合年均增长率中位数 95% 的置信区间一致。对角线下方的区域，更具体地说，拒绝边界下方的区域，或低于对角置信带的区域，是我们的零假设检验的**拒绝区域**。如果风险缓释投资组合图上的某点低于拒绝边界，那么该点不达标，因为将避风港收益添加到标准普尔 500 指数中，并不会随着时间的推移提高该投资组合的几何平均收益率或复合年均增长率中位数。

大多数投资者为获得净效应而添加风险缓释策略，但并未适当考虑付出的成本，因此相当于没有考虑到投资组合的净效应。图 5-3 提供了视觉上的便利，让我们深入分析成本以及避风港的成本效益，或复合年均增长率优异业绩（更大的可能是不良业绩）的根源。它源于低算术成本、高几何效应，还是某种组合？避风港真的有效吗？x 轴上或低于 x 轴的数据点意味着负效应，无论位于何处都不能算避风港。如果没有这个图形框架，成本效益分析就不会如此显而易见。

图 5-4 是每个卡通风险缓释投资组合的成本效益平面特写，放大以显示每个算术成本、几何效应和投资组合净效应（或复合年均增长率中位数业绩）。

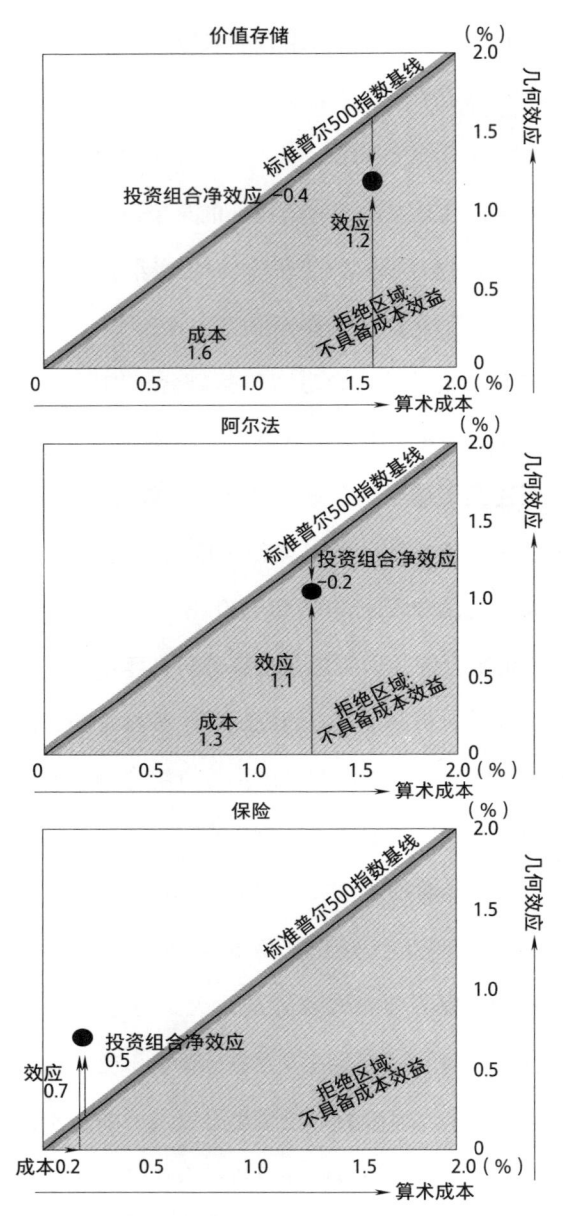

图 5-4　几何效应 - 算术成本 = 投资组合净效应

两种隐藏在避险投资核心的相反力量，影响着我们的收益率分布和实际业绩。现在，它们变得清晰可见，甚至非常直观。这就是成本效益平面图的简单优雅之处。

从上到下，这三张图的模式是，风险缓释的成本随着效益的降低而降低。但重要的是，成本的降幅大于效益的降幅。因此，从上往下，成本效益是上升的。

风险缓释的矛盾或权衡一直存在于两种相反的力量中（成本与效益，或算术成本与几何效应）。现在，我们非常清楚，较低的算术收益率（成本）是为了获得几何收益率（效益）。天下没有免费的午餐。但是，如果你能将这种权衡向有利于你的方向倾斜，效益超过了成本，从而产生正的投资组合净效应，那么风险缓释就会带来复利的净增长，从而增加财富。此时，你的风险缓释措施具有成本效益。这就是添加避风港可以降低总量（或平均数），同时提高整体几何效应（或百分位数范围）的原因。我们找到了风险缓释的信条和地下宝藏。

尽管保险避风港的算术收益率在三类避风港中最低，但其优势是投资组合成本非常低，即算术平均收益率的降幅较小，这一点显而易见。原因是，相对于其他配置规模，保险避风港 2% 的配置非常低，但几何效应却很高，这要归功于它爆炸性的暴跌期收益，或称十倍股收益。保险避风港非常高效。

回想一下第三章，降低算术成本加上更大的投资组合净效应，这种双重作用力在成本效益分析框架中被称为经济型优势策略，价值存储和阿尔法卡通避风港因此被称为劣势策略。我们现在明白了，保险避风港较低的算术成本（或者更高的效益），才是经济型优势策略的驱动因素。

风险缓释的收益越具有爆炸性、越高效（暴跌期收益越大），我们就越不需要特定的几何效应。对几何效应的需求越少，算术成本的影响就越小（从较低的算术收益率可见）。这实际上就是简单的经济交换。

在现代定量金融几何布朗运动的专业框架中，与复合年均增长率变化成正比的成本和效益在计算几何收益率时表示为 $\mu - \frac{\sigma^2}{2}$，算术平均收益率 μ 的变化代表算术成本，$\frac{\sigma^2}{2}$ 的变化代表几何效应。但它们都假设为对数正态分布——众所周知，在现实中这是一个轻率的假设。我们的成本变化与 μ 的变化一致，但效益仅近似为 $\frac{\sigma^2}{2}$。（我们的分析框架没有做出分布假设。）这里的数学细节并不重要。但现代金融显然明白这一点，影响就体现在其基本模型中。它只是不敢改变其数学方向，以提供不那么显而易见的解决方案（例如，几何平均数或中位数）。

希望你已经注意到，我们以真实的股票市场收益重现了圣彼得堡商人贸易。更重要的是，你知道了它的来龙去脉。

下一章我们会将真实世界避风港的数据点放在成本效益平面图上。我们的目标是基于相对成本效益持续改进现有的风险缓释计划（而非基于绝对成本效益，直接否决计划）。我们发现，成本效益分析在这方面发挥了很大的作用，这甚至可能是它的主要功能。例如，虽然阿尔法避风港的投资组合净效应为 –0.2%，但在提供同等程度风险缓释（投资组合复合年均增长率的第 5 百分位数为 4.8%）的情况下，仍然比价值存储避风港 –0.4% 的投资组合净效应（95% 以上的统计显著性）高 0.2%。我们为拒绝区域创建了一个新的基线案例（或新的关照标准），我们可以创建阿尔法风险缓释投资组合基线（而非标准普尔 500 指数基线）来检验复合年均增长率业绩，如图 5-5 所示。

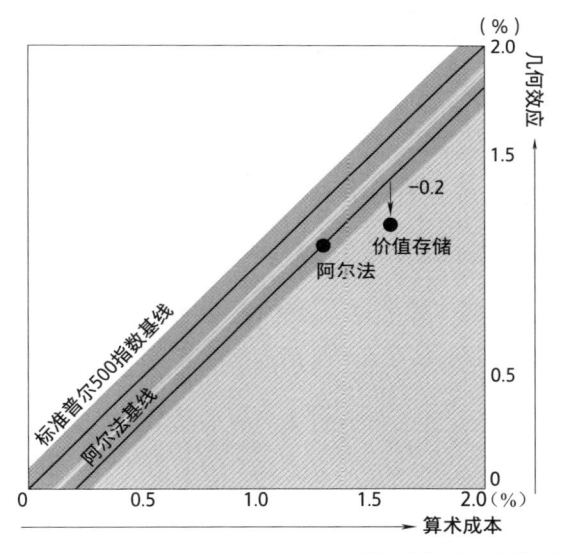

图 5-5 相对成本效益分析：移动基线

价值存储风险缓释投资组合的点位于拒绝区域。为了达到风险缓释的预期效果，从价值存储转移到阿尔法避风港是经济的做法。**应该从绝对标准和相对标准两个方面来看待风险缓释的成本效益。**如果我们发现，现实世界中具有绝对成本效益的避风港非常罕见，那么记住

147

这一点尤为重要。至善者不必是善之敌。

重组

与期望算术收益率相比，避风港收益的形态对投资组合净效应的影响至少同等重要（通常更为重要）。我们以最后一个例子（见图5-6）来证明这一点。

假设我们重新创建一个自助法试验。通过掷d120骰子创建25年的路径，获得25个标准普尔500指数收益率和25个避风港收益率，随机重组这些收益率发生的顺序。需要明确的是，我们仍有最初d120骰子投掷的25个标准普尔500指数收益率和25个避风港收益率，但现在它们是随机组合，而不是根据避风港收益率进行调整。这意味着每个风险缓释投资组合的收益率和频率都保持不变，但每个收益率的具体年份不再与标准普尔500指数收益率相关。

猜猜看，这种自助法下的风险缓释策略，其成本效益会发生怎样的改变？

价值存储风险缓释投资组合的净效应自然是相同的，因为无论是否重组，收益率总是相同的。其他两类避风港的投资组合净效应降低了：阿尔法避风港降低了0.2%，为–0.4%；保险避风港降低了0.8%，为–0.3%。现在，三个点都落在了拒绝区域，都不具有成本效益——

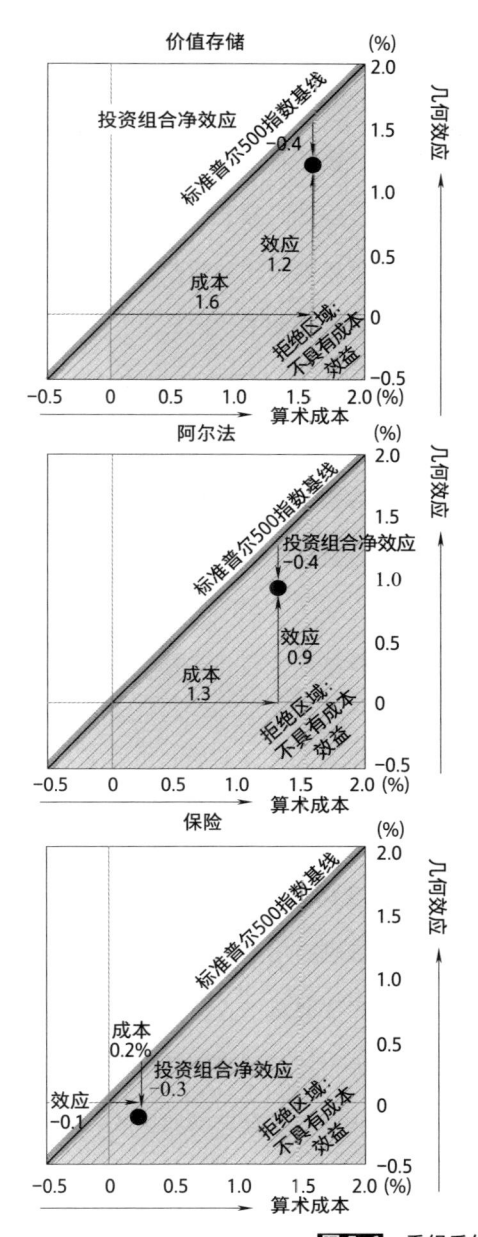

图 5-6 重组后的投资组合净效应

三振出局。它们收益的总期望值仍等于其期望值的和。

不管这些收益如何产生，各类避风港的总收益（或算术平均数）应该和以前一样。因此，这些避风港的算术成本与它们最初的成本完全相同，在成本坐标中可以看到这三个点。然而，阿尔法避风港的几何效应已经下降，保险避风港的几何效应降幅最大，现在它们的避风港收益与标准普尔 500 指数脱钩了。

我们已经拆解了避险机制（或降低投资组合重大损失的收益模式）中相互作用的齿轮，因此，对保险避风港来说，整体（或复合年均增长率中位数）的作用就没那么大了。剩下的只是作用微弱的多元化（因为随机重组产生了无关的收益匹配），显然无法提供具有成本效益的风险缓释。

我发现，很少有专业投资者或配置者能猜对这一点。希望这能让你感觉好一点儿。

各部分相互作用的价值只能在整体中看到，这意味着真正重要的是避风港收益的形态。

前面我提到了凯利准则和魔鬼骰子游戏中的保险风险缓释策略，特别提到了它们通过降低风险增加财富的方式。在现实世界中，风险缓释的权衡更不稳定，实现财富增长的目标并不容易。具有成本效益的风险缓释是一个很微妙，甚至很难评估的命题，更别说实施了。这就是现代金融和大多数从业者放弃它的原因——他们宁愿生活在巨大的风险困境中。（在有关养老金不足的会议上，他们屡屡表示，与其独自冒险，不如随大溜，消极等待。）

不可知论

到目前为止，我们在自助法试验中已经比较了所有1万条25年路径的财富中位数（几何平均数）或复合年均增长率，并将结果记在记分牌上。我们还对每类卡通避风港进行了配置，使每种投资组合的第5百分位数路径相同（在同一基准上）。正如我们所看到的，每种风险缓释投资组合的第5百分位数路径都远高于标准普尔500指数的第5百分位数路径——复合年均增长率高出78%，25年期末财富高出66%。我们修正了这一较高的第5百分位数路径，然后观察了三种风险缓释投资组合在中位数路径上的差异。

记住，任何赌徒都可以在暴跌时想出一些好点子，提高第5百分位数；但成功的标准是同时提高中位数（最好是提高所有百分位数）。简言之，这才是具有成本效益的风险缓释措施。

尽管我们的工作细致周密，但最好退后一步思考一下，我们的方法中是否存在盲点。我们对1万条路径进行采样，但我们的人生中没有1万条路径。人生只有一条路。提高第5百分位数路径可以提高我们的精确度，使我们不后悔走了脚下那条路——它可能正是第5百分位数路径。另一方面，最大化第50百分位数路径提高了我们的准确性，使我们在多数情况下能够踏上正确路径，同时避免希望渺茫的路径（平均路径，如圣彼得堡悖论）。我们正在与运气抗争，但也许还可以做得更多。

我们不想过多关注未来标准普尔500指数收益率的分布情况，也不想过多关注d120骰子形态对自助法分析的影响，否则就会重新陷入内部矛盾——具有成本效益的风险缓释需要神奇的水晶球。恰恰相反，具有成本效益的风险缓释应该是不可知论的投资。我们不想对市场涨跌下注。市场自行其道，我们不想被动地预测。

假设没有"暴跌"，或者确切地说，在任何给定的年份都不存在标准普尔500指数收益率的最低区间（下跌大于等于15%），那么在有限的路径里，哪种避风港表现最佳？凭直觉，你不会期望任何避风港发挥多大价值，因为我们假设暴跌不存在！但要系统地回答该问题，只需要在实施相同的自助法时，限制与–15%或更低标准普尔500指数收益率相对应的d120骰子的结果。结果见图5-7。

由于标准普尔500指数收益率从未跌至–15%或更低，保险避风港每年都会损失100%，我们可能会认为，与其他两种情况相比，保险避风港会处于明显劣势。毕竟，价值存储和阿尔法避风港总是有正收益率，这就是低成本的风险缓释，对吗？事实证明，即使在这种情况下，保险避风港和阿尔法避风港卡通投资组合也有相同的复合年均增长率中位数——或相同的**相对**成本效益，而价值存储避风港卡通投资组合的复合年均增长率中位数比它们低0.1%。

这可能令人惊讶，但显而易见的是，保险投资组合–2.3%的算术成本低于阿尔法投资组合–2.8%的算术成本，低于价值存储投资组合–3.1%的算术成本。这是因为，阿尔法避风港和价值存储避风港的配置分别为28%和36%，相比之下，保险避风港2%的配置要小得多。在这种限制下，其投资组合以小成本得到的正效益为0（因

为它未从 –15% 或更低的标准普尔 500 指数收益率中获得任何正收益率）——由其投资组合净效应与算术成本相同可见，而阿尔法投资组合和价值存储投资组合分别获得 +0.5% 和 +0.7% 的效益。保险避风港和阿尔法避风港的投资组合成本效益都达到 12.0% 的复合年均增长率中位数（或几何平均收益率），比标准普尔 500 指数低 2.3%，而价值存储投资组合的成本效益是 11.9% 的复合年均增长率中位数。

我们自知没有能力预测非暴跌期的低风险情况。我们希望避免从战术角度思考风险缓释，因为这需要有一个神奇的水晶球。但限制性自助法再次显示了令人震惊的发现：**任何对暴跌的预测（认知）技巧都不应该影响在这些收益之间做出的决策**。在战术层面等待暴跌时，阿尔法和保险风险缓释投资组合在特定的暴跌保护水平下（一旦到达）具有相同的复合年均增长率中位数。在等待"钟声响起"时，这两种避风港的成本是一样的。因此，如果没有预测暴跌的技能（或者预测水平很差），你应默认最佳选择为在战略层面上最具成本效益的策略。

这一令人震惊的结果表明，战术性风险缓释决策过程是一种良性循环：为了在等待暴跌时降低成本，战术方法是在不同种类（如价值存储、阿尔法和保险）的避风港之间切换。但实际上，非暴跌期成本最低的选择与暴跌期最具成本效益的选择（即保险避风港）是同一个——如此一来，就不必使用战术技巧了，决策过程因此变得容易。

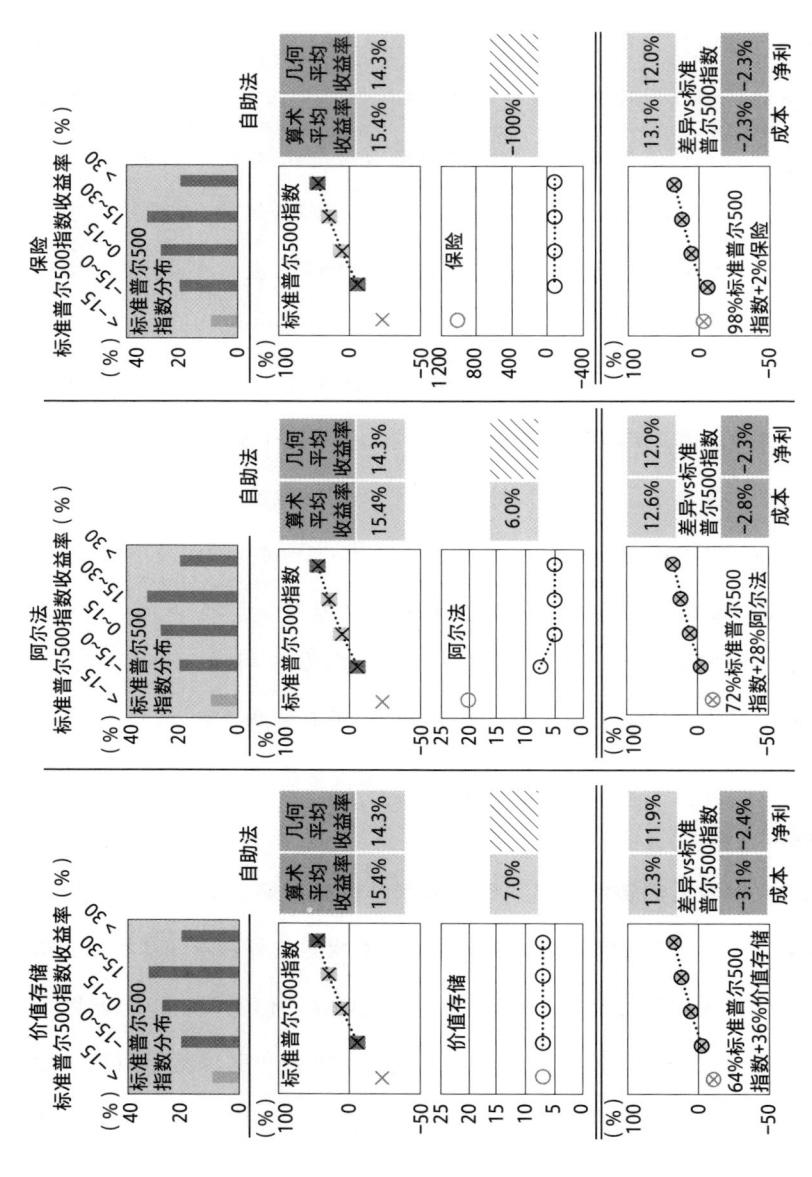

图 5-7 无暴跌情况下的自助法：对暴跌而言，最佳避风港是不可知的吗？

我们所走的唯一的路有可能以许多不同的方式展开，这一点需要特别关注。毫无疑问，在非暴跌期，如果不采取任何风险缓释措施（在本例中，只有标准普尔500指数投资组合），你的状况当然会更好。但这不是重点。**关键是在非暴跌路径中，一种避风港的收益率不会高于另一种（至少在阿尔法避风港和保险避风港之间是这样）。** 无论走哪条路，我们对避风港的选择都是不可知的。

然而，如果决定不采取任何风险缓释措施（这意味着仅有标准普尔500指数），我们就不是在同一基准上比较不同的策略。（尽管有央行干预，但我们不能假设暴跌不存在。）对风险性质截然不同的投资组合进行比较，犯了虚假对等的逻辑谬误。如果你只想单独持有标准普尔500指数或类似的资产，获得复合年均增长率第5百分位数的2.7%（当你在良性的路径上，没有配备风险缓释措施却业绩良好时，你会暗自庆幸），那么你应该将其与我们的三种风险缓释策略进行比较，将复合年均增长率第5百分位数的4.8%调整到2.7%。

为了进行上述调整（当然，不只是去掉风险缓释），我们只需要利用投资组合杠杆，在每种风险缓释的投资组合中增加更多的标准普尔500指数风险敞口，直到复合年均增长率第5百分位数从4.8%降至2.7%。我们发现，做到这一点需将179%的标准普尔500指数配置与36%的价值存储配置相匹配，将187%的标准普尔500指数与28%的阿尔法配置相匹配，将225%的标准普尔500指数与2%的保险配置相匹配。我们使用标准普尔500指数的新杠杆配置再次运行前面的自助法（不存在−15%或更低的标准普尔500指数收益率），价值存储、阿尔法和保险避风港投资组合的复合年均增长率中位数分别为 26.9%、26.9% 和 27.6%（相比之下，标准普尔 500 指数的复合年均增长率中位数为 14.3%）。

请注意，我并不建议所有人都这样做。我唯一的观点是，**我们应该避免将风险缓释投资组合的高度限制性（比如无暴跌期）业绩与无风险缓释的投资组合做比较。**

具有讽刺意味的是，当我们诚实地将投资组合放在同一基准上进行比较时，**最佳风险缓释解决方案是稳健的，它与何时发生暴跌，甚至是否再次发生暴跌无关。**（*肥尾是多余的。*）这意味着我们战胜了运气。

进攻性防御

我们的避风港与预测要求的差距有多大？它们应在多大程度上具备战略性而非战术性？在思考这些问题前，我们需要提出另一个问题。我们的叉与圈收益概况图显示了避风港在最差区间保护标准普尔 500 指数收益率的情况。**这显然是风险缓释的防御表现，但它是否同时起到了进攻的作用？**

请记住，我们在自助法中，将标准普尔 500 指数的历史年收益率发生顺序进行了随机化。这完全消除了暴跌后风险缓释投资组合再平衡的潜在优势，即通过重新配置避险资产和标准普尔 500 指数，以更低的价格买入——实质上是买入更多的标准普尔500指数。接下来的问题是：在经历了标准普尔500指数的惨重损失后，其后续收益率是否会更高？让我们来检验一下沃伦·巴菲特的建议，即在股市崩盘期间（最好是在崩盘之后）持续买入股票。

这是一个简单的假设检验。零假设是，标准普尔500指数下跌大于等于15%的后续1年、5年和10年，标准普尔500指数的平均收益率与此1年、5年和10年期间的平均绝对收益率相同。我们将使用d120骰子投掷出120年标准普尔500指数年收益率数据（当然，现在这些收益率需要保持有序）。

遗憾的是，我们不能以95%的显著性水平拒绝这一零假设（令人惊讶的是，显著性水平甚至不足60%）。与它们固有的噪声随机性相比，后续收益率并没有更高。（对日历年的年度数据以及每月叠加的年度数据来说，情况都如此。）

过去10年左右，股市出现了V形复苏，但在股市大跌后买入股票（而不是在任何时候买入）似乎没有显著的统计学意义。换句话说，这些时期，标准普尔500指数收益率没有明显的均值回归。这一观点令人震惊，因为流传的投资理念是在暴跌时买入。沃伦·巴菲特有句格言："在别人贪婪时恐惧，在别人恐惧时贪婪。"据说在那之前，约翰·D.洛克菲勒说过："赚钱的秘诀是在街上血流成河时买入。"

简单的逻辑表明，我们应该能够拒绝这一零假设：较低的股票估值会导致较高的后续收益率。股市抛售会降低股票估值，但也有"例外"，因为抛售反过来会降低基本面价值，投资中很少有直接的因果关系。尽管经济学家过分推崇这一观点，但在关于"有效市场"的辩论中，有人认为，一只股票（比如在崩盘后）被低估不会是众所周知的事，否则其价格就不会那么低。这就是经济学家推崇"华尔街随机漫步"假设的原因。该假设是，一旦发生大崩盘，我们就无法获得股票后续业绩的新信息，过去的都烟消云散了。

可悲的是，人们坚持零假设，即在暴跌后购买标准普尔500指数不会对其后续收益率产生任何影响。请注意，它并没有涉及暴跌后很可能出现的特殊价值区域，我们只是考虑一般的系统性风险敞口。但明白这一点仍然很重要。

无论沃伦·巴菲特所谓的"价值"效应是否存在（对我们的自助法而言，它是一种守旧的观点，完全被排除在外），都要记住，风险缓释的进攻性成分仍很强。避风港带来的不仅仅是安全感或稳定性。现在，我们已多次看到，安全的重点是防止赌注在重大损失后暴跌，这将降低随后的复利基数。为防止代价高昂的暴跌，不断调整赌注规模和投资规模（我们称为风险缓释的强涌现性）是一种很好的进攻。

俗话说："进攻赢得比赛，防守赢得冠军。"（我儿子是曲棍球前锋，我一直因他不明白这个道理而恼火。）格雷厄姆说"投资管理的本质是风险管理，而不是收益管理"，这就是原因所在。但是在投资中，进攻和防守之间的相互作用与在体育比赛中略有不同——二者的协同作用更微妙。拿破仑有句格言，"从防御到进攻的转变是战争最微妙之处"——在对抗运气的战争中尤为如此。

在投资的复利倍增过程中避免落入伯努利瀑布是避险投资的一种

攻击性表现。在我们的成本效益分析中，它表现为风险缓释的几何效应超过算术成本。几何效应其实就是进攻。

在投资中，坚实的防守能**成就**有力的进攻。

狭隘的破窗框架

现在应该很清楚了：我们不能在真空中仅根据某一特定风险缓释策略的属性来判断其成本效益。投资相对论规定，一项投资的价值只能通过其产生的投资组合净效应来确定，因此它是唯一的，并且是相对于该（以及其他）特定投资组合而言。整体往往（但并不总是）远大于部分之和。

对大多数观察者来说，这是一个巨大的挑战。在投资中尤其如此，因为求和或算术平均在数学上是如此直观，而整体或复利的数学则有违直觉。投资组合的成分就像行项目那样显眼。它们在投资组合中不像（少许）盐那样是可溶的，而是像油一样不可溶。

一般来说，在行为经济学领域，该挑战甚至有一个正式的名称——狭隘框架。意思是只见树木不见森林——将投资视为行项目而不是整体投资组合时，产生的习惯性思维或盲点。这是好奇的小男孩第一次看到爷爷的布谷鸟钟运行时犯下的小错误，但对投资者来说，狭隘框架会带来混乱且代价高昂的决策。

就像许多事情一样，条理分明地正确阐述问题的能力是解决问题的前提。靠解决方案去赚钱就更需要这种能力了。

我们使用叉与圈收益概况图和记分牌的目的就是要正确地阐述问题。非常反直觉的现象是，平均收益率为 0 的保险避风港最具成本效益，而平均收益率为 7% 的避风港则不具有成本效益（在投资组合路径的第 5 百分位数上可以看到两者具有同等保护力度）。此外，它完全违背了人们的普遍看法，即保险是昂贵的，是一种净成本；也违背了传统观点，即要实现风险缓释策略的增值，必须有足够大的正期望收益率，或者至少在大多数情况下有正收益率。一开始，它似乎无故降低了投资组合的算术收益率（并在大多数年份中将投资组合拖累成负的行项目），结果却证明，它提高了复合年均增长率。这就是圣彼得堡商人贸易。

所有风险缓释策略最终都需要在损失保护和机会成本之间进行权衡。前者指几何效应，或所避免的投资组合负复利损失。后者则涉及为提供保护而非为投资组合其他部分配置的资本，即算术成本，或降低投资组合算术平均收益率的数额。

就资本配置而言，狭隘框架意味着，投资组合的每个组成部分都是根据其自身的独立优点来判断的，最佳选择通常是价值存储或阿尔法策略，而不是保险策略。投资者几乎总是以降低风险为名采用并解释某种策略。在大多数情况下，这种策略都有正收益率，或者没有显性成本，即使它降低了投资组合的总收益率，甚至在任何情况下都是一种隐性成本。它被称为**机会成本忽视**，这可能是我们对风险缓释最

致命的隐藏偏见。基本上说，整个对冲基金行业正是利用了显性成本和隐性成本之间简单的感知差异（是的，我是在嘲讽）。多元化仍被错误地视为"金融业唯一免费的午餐"，这就是原因所在。

避免这种混乱无序的风险缓释决策需要有整体观，要将整个投资组合收益的隐性成本与替代方案的隐性成本进行比较。说起来容易，做起来却很难。我们做不到时刻警惕。有些领域困难重重却更容易克服，也许我们可以从中吸取经验。

1850年，在《看得见与看不见的》这篇文章中，伟大的自由主义者、法国经济学家弗雷德里克·巴斯夏提供了一个有关框架问题的最佳案例。他可能是第一个引入机会成本概念的人。在其思想实验中，一个淘气的男孩打破了店主的窗户，有人称这实际上是件好事，因为玻璃工有活儿干了。巴斯夏指出，如果认为我们应该通过砸窗户来增加经济活动和增长，其谬误显而易见。这种狭隘框架忽略了店主的隐性成本，店主现在必须花钱修窗户，而不是用于其他可能的消费，比如给妻子买一件新外套，那本可以为裁缝带来生意。店主的财富减少了（相较于男孩没有砸碎窗户的情况），而社区的收入形式只是被重新安排了（从裁缝到玻璃工）。因此，破坏必然带来净成本。思想实验的教训是，我们不仅要考虑部分，而且要考虑整体。我们意识到，机会成本是真正的成本，尽管它看不见。我们需要在同一基准上对备选方案进行真正的比较，以创建一个框架，揭示机会成本。

不作为的错误是看不见的，容易被忽视，我们注意到的通常是作为的错误。然而为后者而忽视前者也是一种错误。政客们经常犯这种错误，比如，他们经常进行具有反讽意味的风险缓释。从根本上说，这种错误与工作密不可分，发现这类错误就是工作本身（每个政府项目都涉及隐藏的机会成本，对立双方有利益冲突）。

我们在第三章提到一个戳心的例子，那就是现代化工农业中的狭隘框架问题。艾伦·萨沃里在其名为"轮牧的整体管理"的演讲中提到了该问题。整体管理大大提高了地表土壤的质量、数量以及固碳能力，这是其他方法无法做到的。（美国中西部成为世界上最肥沃的土地之一，同时也是一个巨大的碳汇，那里放牧着数千万野牛。）陷入狭隘框架的人不具备整体观，他们认为，食草动物（部分中的一个要素）是生态问题，因此生态解决方案是素食。将食草动物从牧场（部分中的另一要素）转移到绵延数英里的耕地上，通过工业化种植的一年生单一作物喂养它们，这确实是一个巨大的生态问题。但以这种方式供养人类而不是食草动物，这个巨大的生态问题依然存在。食草动物的栖息地本就是牧场，所以，在多年生牧草的牧场上管理食草动物是一个有效的解决方案——当相互作用的部分重新结合在一起时，整体会变得更好。（不考虑这一点会付出巨大的机会成本，换来的是另一种巨大的显性成本，即更多耕种、工业化种植的一年生单一作物。）割裂这两部分，带来的生态灾难超出了我们的想象和预测。（羊群在田园牧场土壤中封存的碳含量出乎你的意料。）

除了局部与整体的差异，狭隘框架看起来甚至像短期与长期的差异。纠正其中的一个错误，通常可以避免落入另一个陷阱。

遥望前路

我能想到的最有可能出现狭隘框架的案例是赛车的进站。奇怪的是，在该案例中，问题根本不存在。思考一下简化的赛车决策，包括进站更换轮胎。轮胎接触地面，其磨损程度和性能对比赛策略来说至关重要。发动机的动力转化为速度要依靠轮胎，同样重要的是，轮胎能防止赛车驶出赛道。伟大的F1赛车手米卡·哈基宁（人称"芬兰飞人"）曾说，轮胎是他的人寿保险单。

在绕行赛道时，我们有两个基本选择：

1. 在整场比赛中坚持使用一套轮胎。为保护轮胎，避免驶出赛道，像戴着眼罩的爷爷一样驾驶赛车。随意加速也许会面对被淘汰甚至撞车和退赛的风险。我们可以选择更硬、更持久但抓地力较差的轮胎，将风险降至最低，但要更谨慎地驾驶，以留在赛道上。

2. 中途驶入维修站——虽然等待的感觉很漫长，但更换新轮胎只需要10秒左右。现在，我们可以在比赛过程中使用更软、寿命更短、抓地力更强的轮胎（不需要使用很长时间），安全地跑完全程。我们放弃了宝贵的几秒，目的是在剩下的比赛中（安全地）全力以赴地弥补时间。

正如哈基宁所说，这是一种保险（也是一种最迂回的策略）。但这并非一定会获胜的策略，如果我们在维修站停留的时间太长，如果轮胎没有足够的抓地力来弥补失去的时间，它就是无效策略。那些使用磨损的硬轮胎的赛车手会击败我们。

我们可以通过放慢车速来确保安全，也可以通过另一种方式来确保安全，比如开得更快。

这个决策最终归结为在两种方案的隐性成本之间进行成本效益权衡，但永远不会根据进站时看着其他赛车飞驰而过，而自己10秒原地不动所带来的显性成本进行判断。长期不会屈从于短期，我们也不会因为忽视机会成本而只见树木不见森林。

赛车战略家都是超逻辑的、拥有大局观的超人吗？未必。

拥有条理清晰的框架，是因为我们遥望前路。事实上，我们总览全局，看着整个比赛，看着终点线。终点线一直是我们眼中唯一的记分牌。显然，它也是唯一的目标或意义。

正因如此，我们很难忘记那个目标。尼采说过："忘记自己的目的是最常见的愚蠢行为。"

大海盗

到目前为止，所有的风险缓释检验都让我们坚定地朝着效率最大化和风险缓释成本效益最大化的解决方案迈进。暴跌期收益越高，需求就越少——当无所求时，潜在的阻力或成本就越小。它只是韬光养晦、蓄势待发，几乎没有明显的成本负担。然而，当它开始发挥作用时，就会产生超出其成本许多倍的爆炸性收益。

这就像 20 世纪 60 年代的口号"少费多用",它出自未来主义者巴克敏斯特·富勒(因设计网格穹顶而闻名)。富勒称其为最大限度地"以小博大","用更小的成本做更多的事,直到实现零成本"。他的工业设计也遵循了这个理念。(他喜欢四角化菱形三十面体,以此设计了网格穹顶,赋予了房屋优雅别致的外观。)

他甚至在自己的墓碑上提到了"少费多用"思想,墓志铭是"请叫我配平片"。为轻松驾驶飞机,驾驶员可以对操作杆进行配平。飞机在爬升时驾驶员若不想费力地向后拉操作杆,可以设置配平,之后几乎不再需要动操作杆。(多年来,我的飞行教练总是要求我保持飞机的良好配平,以腾出更多的注意力关注其他情况。)配平片实际上是微型飞行表面,就像微型升降舵。微型升降舵并不控制飞机,而是控制升降舵,是升降舵的分形(就像微型副翼是副翼的分形,微型升降翼是升降翼的分形)。所以,你最终可以用很小的飞行控制装置控制一架大飞机(或一艘轮船)。它是狗摇动的尾巴——微小部分影响并间接控制着整体。

整体思维是富勒工作的核心。他创造了自己的协同系统,完善了现在的常用词"协同"的含义。1969 年,他的《设计革命:地球号太空船操作手册》出版,书中的一张小插图对协同系统进行了说明,插图名为"大海盗"。

富勒的思想是,我们应该把地球看作一艘宇宙飞船,我们都是拥有有限资源的宇航员。在理想的情况下,作为有限的部分,我们应该协同工作,提高整体效能。问题是,我们注定会为自己的局部所困,

无法想象整体。

在富勒看来，邪恶的根源是整体协同论的对立面，即日益专业化的狭隘框架。他认为过度专业化是人类的现代困境。他偏执地认为，这种日益狭隘的框架的设计者是具有整体观的人，这种框架旨在保护他们自身巨大的竞争优势。他将那些享有特权的少数人称为"大海盗"——他们在公海上游荡，在整个人类文明史中控制着国际贸易。这些海盗暗中操作，掌控着全世界的贵族和政客，迫使他们及其臣民进入越来越狭小的生态位，而自己却拥有广阔的世界观。

尤为重要的是，大海盗与海军同时存在，后者在专业领域的培训使他们缺乏竞争力。对无法越过海岸安全线的无经验的水手来说，局部思维是很自然的现象。大海盗不屑于将船停在港口，更喜欢沿着不断扩张的航线，穿越无限的境外海域，在大海和风暴中迎接未知的风险。大海盗拥有更全面的世界视角，至少在富勒不同寻常的历史理论中是这样的。

大海盗顾大局，识大体，努力保持他们的竞争优势。他们可以看到世界的"叉与圈"。富勒称这一优势为"整体思维"，而其他人持有的是"局部思维"。

可悲的是，即使是这些大海盗，也注定要像不幸的、过度专业化的从众者一样平庸。席卷全球的现代化让这些航海叛逆者失去了整体世界观的优势。他们几乎不复存在。

相较于字面意义，富勒的"大海盗"显然更具象征意义。他之所以起这个名号，或构建这个隐喻，也许是为了让人们想到像达·芬奇和米开朗琪罗这种跨学科、有全局观的科学家和艺术家。名号的起源并不重要。

我们寻找的是超级大海盗埋藏的宝藏，不管它是否存在。如果存在，他们的整体思维是找到宝藏的关键。

大海盗代表我们的风险缓释信条。专家的思考和生活仅限于局部，因此只能成为更大游戏中的棋子。大海盗从整体视角思考和生活，他们掌握着整个游戏，甚至整个世界。

"弄潮儿的成功来自其综合能力。"在一个由狭隘框架、盲目的专家组成的世界里，视野开阔、双目炯炯、具有整体观的大海盗才是王者。

---------- 第六章

---------- 大胆猜测

认识论

　　起初，我们只是对各种骰子游戏进行学术性反思，现在情况发生了转变。我们的争论已演变成一场全力以赴的巷战。游戏正在进行，胆小者勿入。

　　我们可以将投资看作投资策略之间的竞争，其中少有明确的赢家，也并非赢家通吃。事实上，以良好的投资策略进入投资领域大有裨益。科学方法可以被视为区分相互竞争的假设的过程，但这个过程要严肃得多。在我们的例子中，检验和投资的标准一致，即期末财富，或财富的复合增长率。倘若不是这样，我们就得问：科学严谨性的意义何在？

　　现在，避风港策略之间激烈而无情的竞争拉开了帷幕。在这个竞技场上，部分竞争对手是有价值的，但很多对手价值较低。可以说，我们的避风港正在为其生存而战。失败的策略将丑态毕露,颜面尽失。它们作为避风港的骗局将被彻底粉碎(至少在我们的书中是这样)。

伊特鲁里亚人将角斗士的血腥运动传给了古罗马人,我们的战斗与之无异。角斗士为生死的终极赌注而战。(幸运的是,现代社会没有类似的运动,即使最耗体力、伤害性最大的运动也有防护措施。)他们在战斗中受伤致残,最后经观众同意殒命于刀剑或三叉戟(观众偶尔会放过失败者,让他改天再战)。这就是寻欢作乐的罗马人。但角斗士赌的是什么?他们通常是奴隶、罪犯或战俘,胜利对他们来说有时意味着自由和生命。但人群的赞美、皇帝的认可通常只是昙花一现,获胜的角斗士要回到自己的住处疗伤,然后投入下一场战斗……如此循环往复。

我们竞争中的获胜者经历了**严峻的考验**,也在历史上证明了自身。但这场比赛没有胜利庆典,没有桂冠。它必须**持续进行**。凡是过往,皆为序章。没有终点,排行榜永远是**暂时的**。

卡尔·波普尔描述和规定的科学方法是通过创建假设提出问题,然后通过拒绝假设或无法拒绝假设来严谨地回答问题。我们只能用否定的方式,而非肯定的方式作答。波普尔告诉我们,我们可以确定某个科学理论是错误的,但永远无法确定它是正确的。

像上一章的卡通避风港一样,我们的零假设是,以真实的避风港降低投资组合的风险,从而获得更多的财富。回想一下,在自助法的背景下,更多的财富意味着期末财富具有更大的几何平均数,即较高的期末财富中位数或复合年均增长率(25年后)。降低风险指的是提高投资组合第 5 百分位数的期末财富或复合年均增长率。(当然，这一直是我们的风险指标。) 所以，我们要么拒绝，要么无法拒绝该假设。我们无法证实它——无论是投资还是人生，都没有确定的事情。比赛持续进行，竞争对手之间总是你追我赶。

回想一下，我们的零假设选择具有认识论价值。丹尼尔·伯努利的演绎理论（与海盗抗争的圣彼得堡商人）和本书第一部分的骰子游戏引发了我们的实验，预见了（甚至是预测了）实验结果。它们肯定是我们首先要考虑的。因此，我们可以自问：我们的理论对事实的描述有多准确？你看，我不仅要用约 100 万次的骰子投掷来说服你，还需要证明我们的实验方法是正确的。

打个比方，在所讨论的某段时间内，如果某项资产，或者更糟糕的是，某个令人厌恶的对冲基金经理的业绩恰好优于标准普尔 500 指数，我们能断定这是更好的避风港吗？就算有精心设计的自助法检验，仅凭这些业绩也不能下定论！想一下肯定后件谬误——我没遭受土拨鼠的骚扰，却仍将这归功于我的狗娜娜，即使它整天都在睡觉。如果没有一个演绎框架来理解何为具有成本效益的避风港，及其原因所在，我们的假设检验就会失去所有的严肃性，变成华而不实的数据挖掘活动。(数据挖掘充斥着投资行业。很多时髦的对冲基金、策略和代理公司你方唱罢我登场，犹如风中飘摇的树叶。) 如果放弃科学的严谨性，我们就很容易将投机资产或策略误认为是避风港。

正如波普尔所说，科学无法验证某个理论，只能通过观察比较的方式对其进行系统检验来证伪。当然，无法拒绝假设并不意味着我们已经找到了埋藏的宝藏，只意味着我们不能说它**不存在**。也许我们获得了接近宝藏的线索。

这就是科学和伪科学的区别。科学知识是非常短暂的。与投资一样，科学方法是试探性地下注，使知识暴露在可证伪的情况下，一旦有正当的理由就证伪它，以便从错误中吸取教训，同时相应地予以纠正。科学和投资都是由尚未被拒绝的理论或论文组成的，其历史是被拒绝的理论和论文的坟墓。

我在书中告诫大家不要给出明确的答案，现在你应该明白原因何在了。最权威的答案来自伪科学的贩卖者。

尽管如此，请记住，成本效益分析不一定都是关于绝对成本效益的，也可以是相对成本效益。我们可以调整标准普尔500指数基线，使拒绝门槛不那么高。

任何在证伪过程中幸存下来的避风港都只是暂时的。（获胜的角斗士必须改天再战。）毕竟，它们都不是永久性的。这些检验是回顾性的，而非前瞻性的。例如，它们的收益率可能会随着时间的推移而变化，在未来无法通过检验。当我们有确切的把握拒绝它们时，它们就会失去具有成本效益的避风港地位。（这正是我们在某些情况下看到的事实。）我们应该做好心理准备，明白这种情况可能发生在所有幸存的避风港中——不是将其视为必然，而是作为一种预防措施，保持怀疑的态度。在幸存的避风港被拒绝之前，正如波普尔所写，"我们可以说它已经'久经考验'，或者过去的经验已经'证明'了它的效用"。我们知道，证伪也是暂时的。换句话说，我们有可能误认为一个正确的理论被证伪了，原因要么是检验错误，要么是检验设计出现了漏洞。

20多年前，我与纳西姆·尼古拉斯·塔勒布因志同道合成为同事，波普尔是将我们联结起来的因素之一（另外两个因素是我们都有芝加哥场内交易的经验，以及对正偏的、激增性收益的痴迷。他也很欣赏马勒，这又是一个共同爱好。）我们都通过对交易的探索，尤其通过阅读乔治·索罗斯的著作邂逅了波普尔。（年少时，我会在去芝加哥交易所的早班火车上听索罗斯和路德维希·冯·米塞斯的书，当时这一举动并不像今天这般矛盾。）

波普尔的科学哲学是理想的妄语过滤器。从第一章费曼的说明开始，我们的每一步都在使用波普尔的认识论和分析框架。费曼说过一句玩笑话，"科学哲学对科学家的作用就如同鸟类学对鸟类的作用"，这似乎颇具讽刺意味。但他的科学言论远比玩笑话更有分量。

按照费曼的方法，我们在第一部分进行了"猜测"。在第二部分计算了"猜测的结果"。现在是最后阶段，我们要"将计算结果与实验或经验进行比较，将其直接与观测结果进行比较，看它是否有效"。也就是说，三种卡通避风港原型的业绩会转化为现实的避风港吗？通过将现实的避风港运用到自助法中，用真实收益取代卡通收益，我们会识别其投资组合效应吗？我们会像在卡通中那样发现具有成本效益的风险缓释策略吗？

费曼的结论是："如果与实验不一致，它就是错误的。科学的关键就蕴含在这个简单的陈述中。"

就像在第四章为了可视化而合并标准普尔 500 指数收益率一样，我们将通过简单计算每种风险缓释策略的历史收益率来构建它们。我们将特定避风港的年收益率放入相同的 5 个区间中的一个，按同一时期不同范围的标准普尔 500 指数年收益率进行分类。这为真实的避风港创建了历史收益率概况，类似于我们一直使用的卡通收益率概况。不同的是，这些历史收益率包含每个标准普尔 500 指数收益率区间中的一系列收益率数据，而非一个单点收益率。因此，我们将随机抽取其中一个区间（与当前 d120 骰子投掷的标准普尔 500 指数结果一致），以确定与本次投掷相对应的避风港收益率。这意味着我们必须通过投掷 d120 骰子来计算几何平均收益率。

重要的是，像上一章的卡通避风港一样，在自助法中，每种避风港的配置规模都使风险缓释投资组合第 5 百分位数的复合年均增长率相同，仍然是 4.8%。（回想一下，在自助法中，无风险缓释标准普尔 500 指数的复合年均增长率第 5 百分位数是 2.7%，相比之下，这是一个进步。）这意味着，为了进行同一基准的比较，每种避风港在每种假设的投资组合中所占的比例将会不同，该比例因避风港而异。对于给定的避风港，如果没有某一配置可以提供复合年均增长率第 5 百分位数的 4.8%，我们将该配置限制在总投资组合的 50%。

构建每类避风港收益率所使用的历史数据量，或者追溯的时长，取决于避风港的性质。对某些积极管理策略，数据可以追溯到 20 世纪 90 年代（我们不想追溯到太久以前，因为这些策略的属性及其交易动态历经多年已发生了巨大的变化）。对于黄金等其他资产，数据可以追溯到更早的年代。以黄金为例，数据将始于 1973 年，即黄金开始自由浮动的时期。对债券等其他资产，我们也使用相同的起始期。

在接下来的几节中，我们将细致地研究现实世界中最典型的避风港，每一个都是小型案例研究。尽管每个案例都值得用整本书来阐述，但在本书中，我们只关注战略性的、不可知论的、具有成本效益的风险缓释。我必须克制自己，不去发表战术性意见（因为我不想分散你的注意力）。我所做的一切是为了将已认可的避风港（共约 40 个）放入成本效益平面图——角斗士的竞技场。

海王星还是火神星？

在进入竞技场观战台（我们的避风港将在那里一决胜负）之前，我们需要如实告知有关证伪的一个小问题。我们可能因目光短浅、过度热情而过犹不及。这被称为朴素证伪主义，波普尔对此非常警惕。

举个例子，1781 年天王星被发现后，天体物理学家注意到它的轨道与牛顿物理学的预测不同。但是，人们并没有像波普尔说的那样，证伪牛顿万有引力定律，而是猜测某个未知的行星与天王星发生了相互作用。这是除拒绝牛顿定律外，处理天王星的轨道与牛顿定律不符的唯一方法。事实证明，根据法国天体物理学家勒威耶1846年的预测和发现，这一猜测完全正确——它就是海王星！但新的猜测并不总是正确的，勒威耶试图用另一个猜测来重复这一行为，即有一颗火神星扭曲了水星的轨道。（他的两个猜测一对一错。幸运的是，爱因斯坦为我们解决了水星之谜——这一次，牛顿力学被证伪了，暂时被广义相对论取代。）虽然过去所接受的理论总会被证伪，但它们的证伪也可以提供有关参数变化和未知自由度的线索，甚至可以强化理论。证伪主义通常是调整理论，而不是放弃理论。虽然我们知道目前未被证伪的理论是暂时的，但被证伪的理论也是暂时的。实验条件可以改变。实践证伪主义不那么容易。

我们有自己的海王星和火神星问题。我们将在不同的组织方法或环境下，观察各种避风港收益率随时间推移发生的变化。也许还有其他因素影响收益率，又或许，一开始我们就搞错了收益的形态。是海王星还是火神星？看不见的经济或市场力量可能正在扭曲避风港，也可能没有，这比未知的行星更难预测。但它们对避风港的成本效益，甚至仅仅对效益的影响是巨大的。我们需要意识到，避风港的风险缓释性能存在受高阶变化影响的脆弱性。

我们所能做的首先是在历史数据中识别这些影响。此外，我们需要理解避风港收益在多大程度上是机械性的，在多大程度上是统计性的。机械性收益是直接的、固有的结果，如果不是这样，它会带来套利机会（或获得免费资金的机会）。这就像是看涨期权：它必须升值。（想想圣彼得堡商人为其横跨波罗的海的货物考虑的保险合同。）

与机械性收益相比，统计性收益通常是一种倾向，它基于观察到的历史，但并非必然如此。其非本质性更强，因此噪声更大。比如，我们在国债和避风港中看到的安全投资转移效应。机械性收益与统计性收益实际上与基差风险有关（或收益跟踪所缓释的标准普尔500指数等系统性风险敞口的程度）。但我们也可以考虑其他可能的收益扭曲，如交易对手风险（或者在风险缓释确实需要获益时却无法获益的风险，比如暴跌期）。

我们的卡通收益完全是机械性的，在现实世界中，这种机械性收益要少得多。关于机械性避风港收益与统计性避风港收益，经常被问到的问题是：让避风港有效运作的程序是否烦琐？避风港的历史可以指引未来，还是说一切都会随时间的推移而发生变化？

波普尔也有类似的"概率的倾向解释"。在第一章中，我们首次了解到，需要将事件看作"基于其条件的单一试验结果，而不是一系列试验结果的频率"。（也就是说，尼采的魔鬼告诉我们，我们的 $N=1$。）尼采的魔鬼使用的骰子基于不同的引力环境，或"试验安排的倾向"。

就像所有事情一样，避风港的收益往往会落在某个范围或某条线的一个点上——在我们的例子中，落点由机械性收益与统计性收益的极值确定。我们永远无法确定对范围内任意点的估计有多准确。

我们将了解到，避风港对收益扭曲的敏感性往往比收益本身的形态更重要。敏感性是避风港和避风港赝品（比如乐观避风港，甚至不安全避风港）之间的主要分界线。

问题是：避风港收益的可变性或扭曲会让你自认为看到了海王星或火神星。你无法确定是哪一个。**扭曲会让我们放弃不该放弃的风险缓释策略**——因为我们不了解海王星：这是 I 型错误（也称假阳性）。扭曲也可以让我们**执着于应该放弃的**——因为我们认为火神星是存在的：这是 II 型错误（也称假阴性）。

在我们的语境中，第一种错误是不作为的错误，我们甚至没有注意到自己的疏漏。第二种错误是作为的错误，就像背着不可靠的降落伞从飞机上跳下来一样，当错误发生时，我们能觉察到。二者的代价都非常高。

如果有选择，最好是选择机械性避风港收益（尽管有时这意味着要灵活机动）。我从未说过证伪是不假思索或轻而易举的。有时，证伪需要一些判断力。

现金为王

首先，我们来看价值存储避风港。它们在时间和空间上是固定的。我们知道，有策略地、经济高效地运作卡通价值存储避风港，使其保持 7% 的固定收益率很难。因此，我们一开始对现实世界价值存储避风港的期望也很低。

价值存储避风港最典型的例子是现金。回想一下，这正是我们在

第二章和第三章首次得出的结论（比如在凯利准则中，我们将一部分赌注以现金形式保留下来）。在现实世界中，以价值存储避风港为起点展开研究是有意义的。

现金的最好例子当然是 3 月期美国国债。其短期期限意味着，除了再投资风险没有任何利率风险。我们可以简单地为每个年度数据点进行三次再投资。

我们使用 1973 年的 3 月期美国国债收益率数据来构建收益概况图。在自助法中，复合年均增长率第 5 百分位数 4.8% 所需的配置规模为最高比例 50%（遗憾的是，其效力从未达到这个程度）。

图 6–1 是我们熟悉的 3 月期美国国债的叉与圈收益概况图。

所有内容都与上一章的卡通叉与圈收益概况图完全相同（区别是，避风港的收益率归入不同区间，而不是使用单次收益率），因此这里不多做解释了。

需要注意的一点是：在这些小型案例研究中，前两行信息永远不会因案例而改变——所有案例都使用相同的 1 万条标准普尔 500 指数 25 年路径，它们是由那枚包含 120 年标准普尔 500 指数年收益率的 d120 骰子投掷得到的。这是我第一次也是唯一一次费心展示它。此后，我将省去最上面的两行，只显示底部的两行信息。

显然，3 月期国债与我们对价值存储避风港的预期一致，收益状况非常稳定。其独立算术平均收益率为 4.8%——低于卡通价值存储避风港收益率的 7%，这确实需要付出很大的努力。与预期的一样，其投资组合净效应为负。自助法中的几何平均收益率，或复合年均增

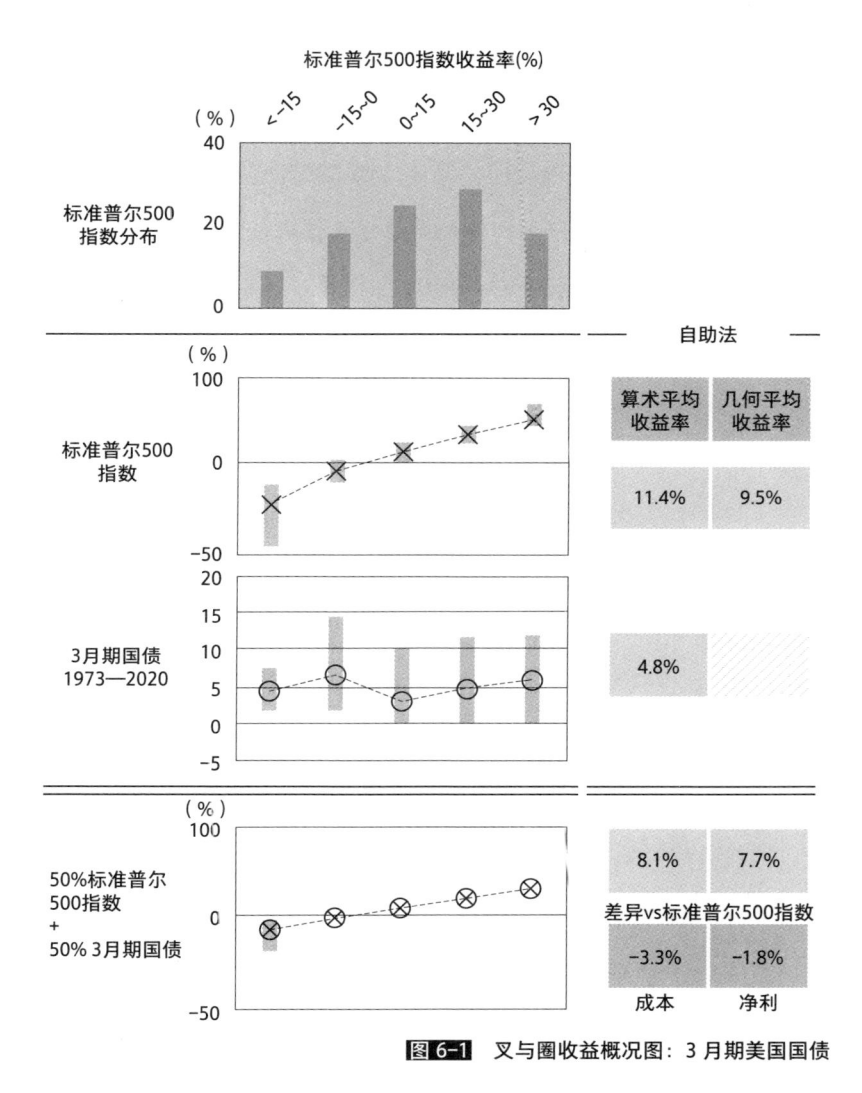

图 6-1 叉与圈收益概况图：3 月期美国国债

长率中位数为 7.7%，低于标准普尔 500 指数复合年均增长率的 9.5%，导致投资组合净效应为 -1.8%。依照我们的方法，该投资组合净效应位于 95% 的拒绝区域——或低于标准普尔 500 指数的 9.4% 拒绝边界，

179

即几何平均收益率95%置信区间的下界。

因此，我们必须拒绝3月期国债是具有成本效益的避风港的零假设，因为我们否定了它的后件：将3月期国债添加到我们的标准普尔500指数投资组合中，随着时间的推移提高该投资组合的复合年均增长率（我们刚刚看到，情况并非如此）。

下一步，我们可以沿着收益率曲线走得更远，从3个月到10年、20年。这就更能代表"股票/债券"投资组合中的债券，即投资中的"平衡型投资组合"。我们甚至将其视为多元化投资组合的标准。

当沿着收益率曲线向外移动时，我们也沿着由三种卡通原型确定的避风港范围向外移动。从3月期国债转向10年期和20年期国债，我们从价值存储避风港转向了负相关性更强的避风港——二者的混合。

当然，期限较短的3月期国债对利率变动的敏感性较低，其利率更依赖于货币干预。长期国债的估值对利率的变动更加敏感，而利率通常是经济增长或经济紧缩、通货膨胀或通货紧缩的期望函数。此外，如前所述，美国长期国债是一种典型的避险资产。也就是说，当股市和经济形势恶化时，投资者往往会为了避险而购买国债。我们可以在图6-2（高度统计性的，而非机械性的收益概况图）中看到这种影响的证据（10年期国债和20年期债券的配置比例分别为37%和34%）。

它们的业绩看起来比3月期国债要好一点儿，尽管将10年期和20年期国债作为避风港仍然没有成本效益或成本效益甚微。3月期国债（-1.8%）的投资组合净效应为负。除此之外，10年期国债

（-0.4%）和 20 年期债券（-0.1%）也拉低了投资组合的业绩。

请注意，这还不是全部可怕之处，我甚至无须提及近年来的明显变化，这些变化使它们的避险地位更加不可靠——特别是极低的美国国债收益率几乎没有下跌的余地（尽管还有很大的上升空间）。有些人预计美国利率将走向负值，这听起来既真实又新奇，是对投资国债令人难以信服的警告。尽管如此，只要看一下图 6-2，我们就会发现 10 年期国债没有通过成本效益检验。而 20 年期国债尽管很接近，但也没有通过（处于标准普尔 500 指数的拒绝边界）。

然而，仔细观察 20 年期国债的收益概况，我们会发现需要质疑这些收益的成本效益的可靠性。国债收益有统计性因素（安全投资转移效应），也有机械性因素（实际经济增长率、通货膨胀和通货紧缩）。这些因素是如何变化的？

我们研究该问题的方法是，将 20 年期国债收益的时间分为三个 16 年：1973—1988 年、1989—2004 年、2005—2020 年。（这三个时段的选择是任意的。）然后，重建每个时段债券的收益概况。在这之后，我们用标准普尔 500 指数 d120 骰子以完全相同的方式分别进行 3 次自助法试验。这意味着，我们不是将标准普尔 500 指数收益率分成这三个独立的时间段，而是将用于构建避风港收益概况的数据分为三个独立的时间段。由此，我们将重点放在风险缓释属性的高阶变化上，使作为标准普尔 500 指数函数的避风港收益变化与标准普尔 500 指数自身的分布变化相分离。

图 6-3 是我们的发现。

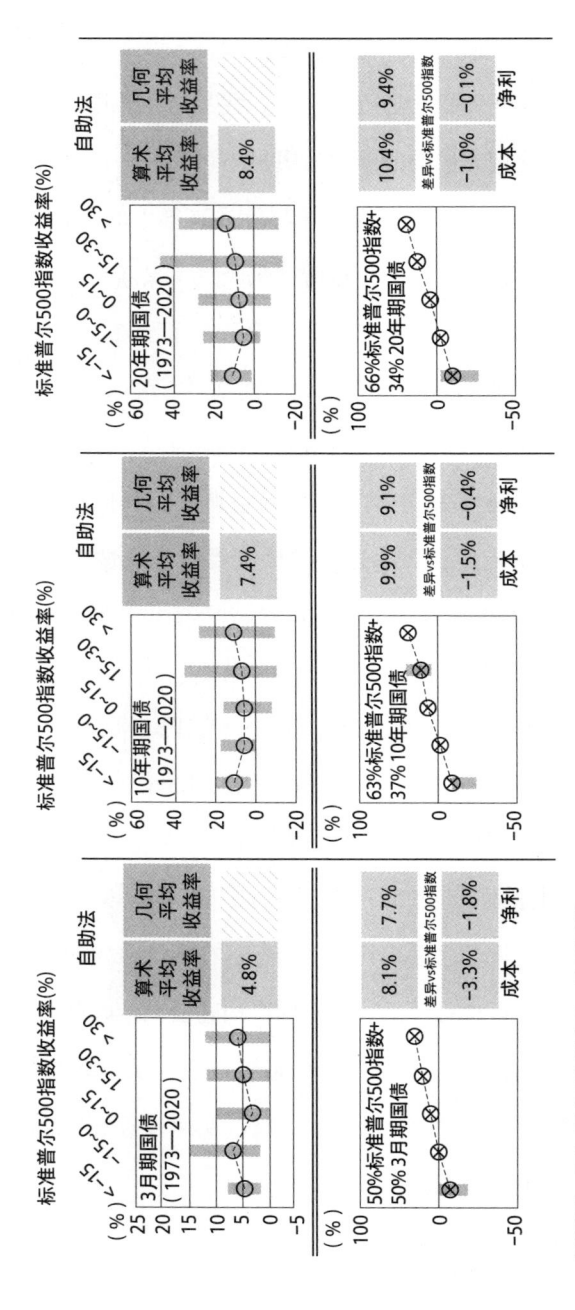

图 6-2 叉勺图收益概况图：美国国债

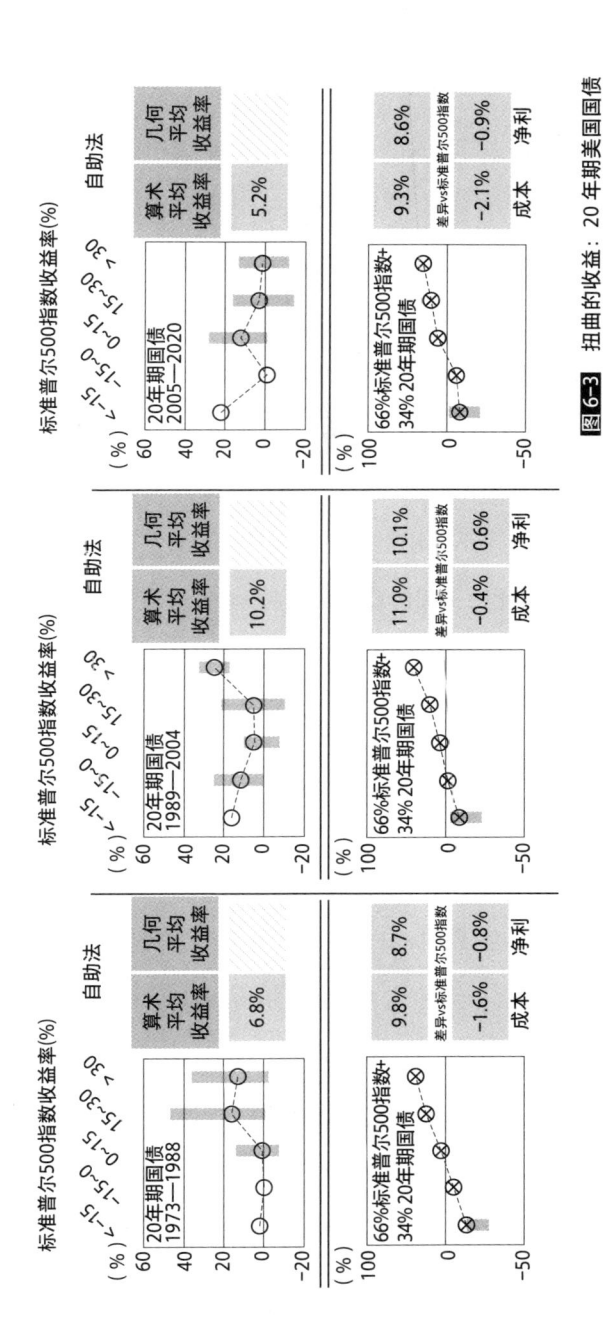

图 6-3 扭曲的收益：20年期美国国债

我们从一个时间段移动到下一个时间段，发现 20 年期国债的投资组合净效应有很大的变化，从 – 0.8% 到 + 0.6%，再到 – 0.9%。这里使用的是相同标准普尔 500 指数收益率的 d120 分布。造成这种现象的是收益率的类似巨变。其原因要么是债券收益率的干扰性很大，每时每刻、每个 10 年都不稳定，要么是受到其他事物的影响而发生扭曲。它是未被发现的海王星（可被发现和利用），还是火神星（导致我们得出错误结论的假设）？如果是火神星，那么 20 年期国债就是分类法中的乐观避风港——其噪声如此之大，以至收益失去了意义和经济效益，甚至比不使用策略还要糟糕。

海王星或火神星——国债看起来很像乐观避风港或多元恶化避风港。

顺势而为

沿着避风港收益和机制的范围继续下移，我们到达阿尔法避风港。回想一下，这个名字与商品交易顾问策略的理想案例非常相似。商品交易顾问是一种趋势跟踪策略：一旦证券沿某个方向（上升或下降）移动了一段时间，趋势就已经建立，只要趋势保持不变，商品交易顾问就会做多或做空该证券。因此，它通常依赖于价格波动的持续性，属于动量策略或顺势而为策略——一种期权复制策略。时间窗口和其他投入可能因商品交易顾问公司而异，头寸通常由测量波动性的各种指标来确定。

商品交易顾问在积极管理策略（例如对冲基金）中很重要，因为它是一种公开尝试，是通过假设的优势或阿尔法避风港，以追求收益策略来降低风险——这种假设甚至被理想化地称为危机阿尔法。因此，趋势跟踪策略在很多方面都是风险缓释的宠儿，也是实现终极目标的巨大希望。

图 6-4 是商品交易顾问策略收益率的叉与圈收益概况图，在标准普尔 500 指数投资组合中占 50% 的最大比例。

与真实的 3 月期国债（类似价值存储避风港）一样，这个真实商品交易顾问的收益形态与阿尔法避风港类似。其独立算术平均收益率较低，为 4%（而非阿尔法避风港卡通收益率的 7%），给投资组合带来了更高的算术成本（-3.7%）。

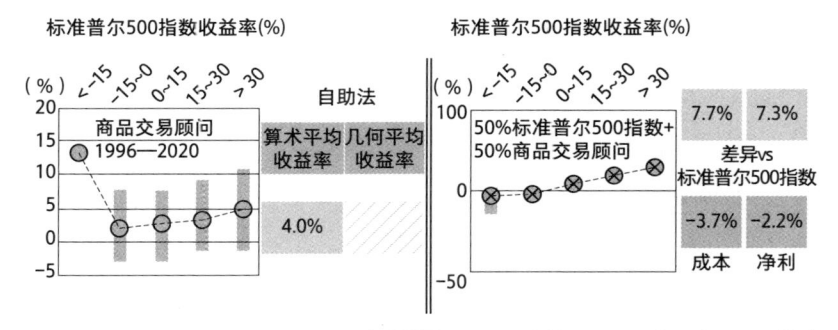

图 6-4　叉与圈收益概况图：商品交易顾问策略

像卡通阿尔法避风港一样，商品交易顾问的下行保护程度不足以提供具有成本效益的风险缓释。（此外，也不足以将投资组合复合年均增长率的第 5 百分位数提高到 4.8%。）它不是什么宠儿。（该策略的爱好者拥有的是理论记分牌，而非实际记分牌。）

请注意，对冲基金策略在暴跌区间通常不具有这种负相关性或敏感性，这也是使用商品交易顾问策略而不是更传统的对冲基金策略作为标准阿尔法避风港的另一个原因。（对冲基金中的"对冲"成了不当用词。）但也有其他基于衍生品的策略旨在做类似的事情，比如做多波动率和尾部对冲策略。这两种策略的指标与商品交易顾问有着非常相似的收益概况。与商品交易顾问一样，**这些指标也必须被拒绝，因为它们不具有成本效益。**（学术研究批判一般尾部对冲，该结果与学术研究一致。）我们从卡通阿尔法避风港了解到，依照这种负相关性水平，即使算术平均收益率为 7%，也会使投资组合的净效应为负。

所有闪光的东西

越向保险避风港的极端移动，拒绝的次数越多。你应该还记得，卡通保险避风港的收益特点是，相对于剩余时间内的预期损失，产生激增的暴跌期收益。

关于避风港，流传的说法是，黄金是一种类似保险的对冲工具，可以抵御各种市场损失。它是恐惧的护身符，甚至被认为是防范银行体系崩溃的保护措施，因为它是从实施部分准备金制度的银行系统中提取储蓄的一种手段。提到对冲通货膨胀的工具，人们首先想到的就是黄金。

然而，黄金作为对冲通货膨胀的工具其实很不稳定。这主要（甚至几乎完全）与实际利率的变动有关。（当通货膨胀率高于年化收益率时，实际利率就会下降，从而推高金价。但它是通货膨胀还是实际利率？这是鸡与蛋的问题。）你可以认为低实际利率减轻了黄金零收益率带来的机会成本负担。

图6–5是黄金的叉与圈收益概况图（配置比例为20%）。

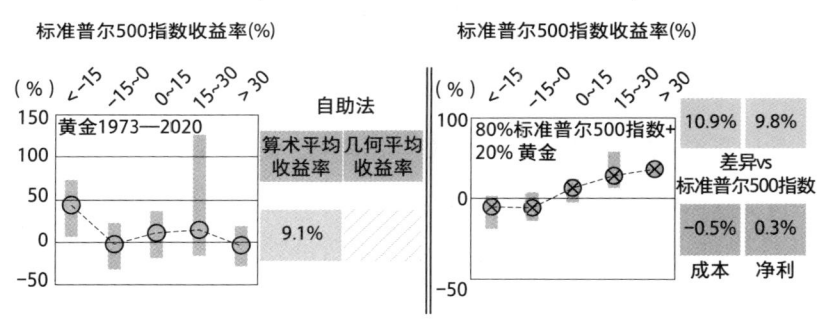

图6–5 叉与圈收益概况图：黄金

与商品交易顾问和国债相比，黄金的暴跌期收益率令人印象深刻。请注意，这不是十倍股，但我们已经取得了很大的进步。黄金的投资组合净效应为正（+0.3%）。**就黄金而言，我们不能拒绝它是物有所值的避风港这一零假设。**

目前来看，黄金似乎名不虚传。然而，请注意，从1973年我们建立黄金收益率曲线开始，每当股票在特定年份下跌15%或以上时，黄金收益率就在+5%到+70%之间，平均略高于+40%。其他年份

的收益率在 -30% 到 +125% 之间，平均不到 7%。虽然这都是相当不错的保险避风港收益率，而且它是通过分区得到的平均收益率，但问题是，平均值的范围很广——特别是考虑到黄金需要 20% 的配置。

我们知道，黄金的价格完全取决于投资者对其价值的期望。它没有产出，作为一种金融资产，它完全没有效益。它没有内在的经济价值，因此根本不可能估价。经济学家路德维希·冯·米塞斯提出了一个著名理论，他将今天的黄金价格与其作为商品的早期历史联系起来，解释了黄金价格的起源。米塞斯并没有提供一个公式，让我们可以预测下周的黄金价格。尽管持有黄金的机会成本受到机械性低实际利率的影响，但我们应该得出这样的结论：黄金的收益在很大程度上是统计性的——我们的判断是正确的。因此，我们需要更深入地研究，就像分析 20 年期国债那样，看看黄金的收益情况在这些年里是如何变化的。

图 6-6 黄金叉与圈收益概况图也分为相同的 3 个 16 年时段：1973—1988 年、1989—2004 年和 2005—2020 年。与上例一样，避风港的收益形态似乎被某种力量扭曲了。

请记住，这些都是高阶效应。它并不是由三个时期标准普尔 500 指数的变动引起的，标准普尔 500 指数自助法在每个时期都是相同的。高阶效应源自避风港的收益变动。

显然，从 20 世纪 80 年代末开始，黄金的收益就发生了扭曲，或许在那之前已经扭曲了。现在，黄金的收益率曲线已经恢复到自然形态。**在这两种情况下，黄金收益率随着时间的推移变得越来越平缓，更像是阿尔法，甚至价值存储避风港。**这导致黄金的独立算术平均收

图 6-6 另一种被扭曲的收益：黄金

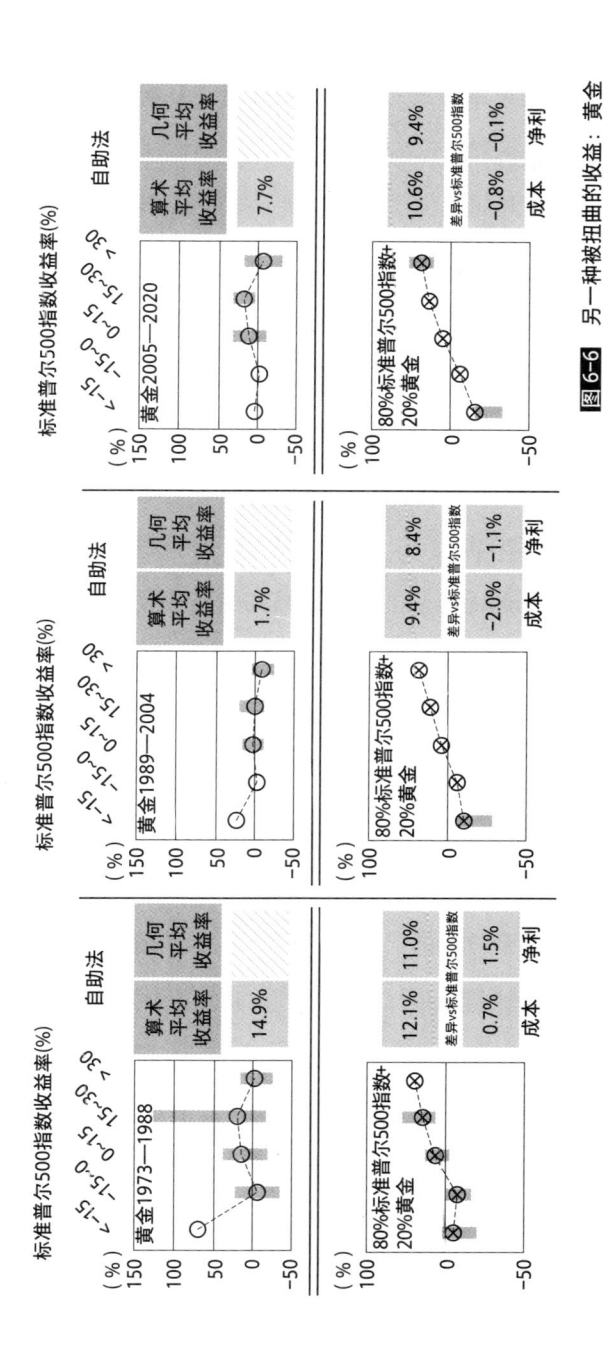

益率降低，进而导致投资组合净效应降低：从第一期的＋1.5%到第二期的－1.1%，再到第三期的－0.1%。

虽然黄金的几何效应在一定程度上一直比较稳定，但其投资组合的算术成本却有所上升。

将黄金作为避风港抵御投资组合系统性风险的人需要明白，可能有一个尚未发现的海王星正在扭曲黄金的收益率。或者，也可能是一个根本不存在的火神星——他们对黄金的避风港假设和分类一开始就错了，黄金实际上只是一个乐观避风港。

我们知道，20世纪70年代，通货膨胀率较高，黄金的收益情况使其成为预防暴跌的避风港，具有极高的成本效益。除那段时间外，黄金的成本效益都很低。为了成为具有成本效益的避风港，黄金在战术层面需要通货膨胀或实际利率机制的协助。

这意味着，我们需要借助外力才能让黄金有效降低系统性风险（暴跌）。如此一来，它的成本效益就更低了。这是一个固有矛盾，也是黄金作为战略性避风港的问题所在。

作为一种类似货币的保险避风港，黄金在抵御暴跌方面是否独树一帜？有人说，比特币等加密货币正在取代黄金的位置。但这些现代发明真的是避风港吗？

加密货币的避风港收益数据太少，噪声太大，甚至无法进行智能评估（尽管早期迹象表明，它们看起来更像不安全避风港）。仅凭这一点，它们最多是乐观避风港。（如同假扮成土拨鼠猎手的懒惰的娜娜！）时间会证明一切。

但加密货币爱好者的想法是正确的。加密货币被认为是抵御央行破产的保险单。广义上，它被赋予了抵御经济危机的保险单作用——这将导致当前货币政策的失败。

加密货币是最重要的技术平台（区块链）。它就像安全的虚拟保险箱，只有你才能进入。这个保险箱如此炫酷，令人印象深刻，值得我们以敬畏之心对待。它将改变世界。如今，人们认为保险箱里的东西是有价值的（仅仅因保险箱的安全、方便和炫酷）——这种价值是法令或法规赋予的。（经济学家罗伯特·墨菲甚至认为，在米塞斯的框架下，我们别无选择，只能称其为加密法定货币。）

此外，比特币其实是非匿名的，用专业术语来说，它是化名的，这意味着在任何时候，比特币的持有者都为公众所知，尽管我们不知道地址那边的人是谁，但它是可追踪的。最糟糕的是，作为一种高度投机性工具，它是流动性驱动的环境创造出的一种现象（我认为，它与环境是一体的）。闪光的不都是金子。

避风港边界

在仔细观察美国国债、商品交易顾问（或对冲基金）和黄金这三大避风港之后，我们结合最初的三幅收益概况图绘制了成本效益平面图（如图6-7所示）。

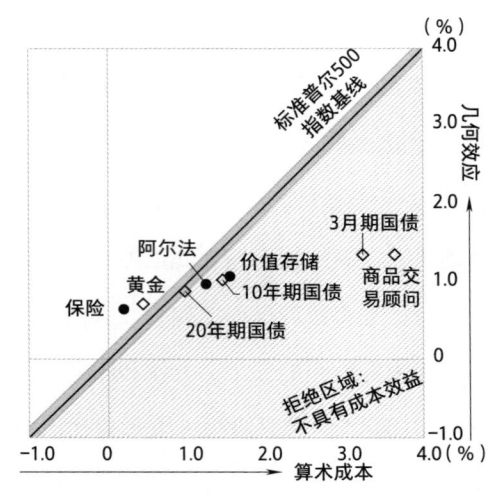

图 6-7　成本效益平面图

我们看到，避风港的物种问题尚未解决。我们将继续分析避风港和避风港赝品之间模糊的界限。我们的卡通避风港之称是有原因的。

这些卡通避风港仍然是理想的原型，可以将其视为探索和开发其他现实避风港的初级模型。事实上，提高保险避风港卡通收益正是 Universa 公司过去所做的工作，我们将继续做下去。与十倍股相比，Universa 公司实现的独立避风港收益的爆炸式增长更强，形成了风险缓释策略的成本效益（迄今为止，我们经审计的 10 年以上年均资本收益率超过 100%，而不是保险避风港卡通收益率的 0）。人们认为风险缓释是财富创造的一种权宜之计，因为通常情况下确实如此。但风险缓释不应该如此。

下面，我们将大约 40 个典型避风港放到成本效益平面图上（如图 6-8 所示）。这些数据点包罗万象，包括我们已经涵盖的少数几项策略，也包括其他对冲基金策略。有瑞士法郎、日元和美元等货币，私人股本，价值策略，动量策略，风险平价，低波动率策略和波动率管理策略，做多波动率，VXX，高收益率债券，艺术，农田，商品，山羊（好吧，或许不包括山羊）。

这幅风险效益平面图似乎是名副其实的避风港墓地，除了已经提到的几个例外，这些避风港都被证明不具有成本效益。尽管它们的动作很多，行动却很少。

更重要的是，该图是一个连续统一体——一个避风港范围，与三个卡通避风港原型确定的范围别无二致。我们可以在图上画一条与三个卡通避风港原型相交的线，将这条线向两个方向延伸。显然，这条线意义重大。

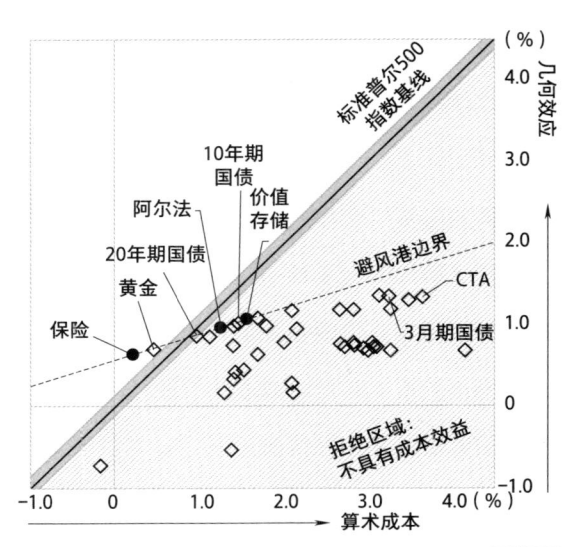

图 6-8 避风港边界

事实上，这条线追踪了避风港收益率，其配置将风险缓释投资组合复合年均增长率第 5 百分位数从无风险缓释的 2.7% 提高到我们预先设定的 4.8%。这条线以下的点对第 5 百分位数的提升幅度较小，越低于这条线，提升的幅度越小。

这条线是我们的**避风港边界**。

我们可以画出的每一条类似的、较低的线都会与风险缓释程度较低的避风港相交。在公平竞争的环境下，避风港之间正是依据这条线进行同基准对比的。

避风港边界是本书所指的业绩范围。它描绘了避风港世界的收益和成本特征。

思考一下，为了在自助法中提高每个投资组合的复合年均增长率第 5 百分位数，我们应如何调整配置规模。总体而言，暴跌期收益的爆炸性增长越大，防止落入伯努利瀑布所需的避风港配置就越小。避险资产配置越少，独立算术平均收益率越低，投资组合的算术成本越低。

因此，避风港的投资组合净效应（或成本效益）取决于在给定的风险缓释水平下**所需的配置有多低**。在几乎无需配置避风港时，其相对于几何效应的算术平均成本就会降低。缓解伯努利瀑布暴跌的成本越低，沿着避风港边界走得越低，成本效益就越高。

以这种方式沿着避风港边界线向下走，会遇到双重作用力——降低算术成本、获得更大的投资组合净效应，这是一种**经济型优势**策略。我们在保险避风港的骰子游戏中看到了同样的双重作用力，在保险避风港卡通原型中也看到了。

骰子游戏的演绎和计算结果与所有避风港的观察结果一致。也就是说，我们的卡通避风港确定的范围具有实证价值。我们必须证伪大部分避风港。令人欣慰的是，更宽泛的避风港假设——我们的"猜测"——仍然成立：可以在获得成本效益的同时降低风险。

我们的几个案例研究的重点并不是找出图表上那些点的每一个混乱的细节。细节是次要的。重点是，什么决定了这些点的位置，以及其他所有点的位置，还有它们为什么处于这一位置。成本效益平面图是我们竞争的记分牌。关键问题是：是什么移动了记分牌？

避风港边界有一条美妙的规则：缓解最糟糕的路径可以让避风港抵达最高线——边界线；以较低的成本缓解最糟糕的路径，会让避风港沿着边界线向左移动，能以较低的成本提高第5百分位数路径（威廉·泰尔射击的*精确性*），继而提高中位数路径——我们射击的*准确性*。

从中得到的信息是，你不用通过冒更大的风险来提高财富的几何平均数或中位数，而是可以通过降低风险来实现这一目标——降低真正的风险，最坏的结果。二者实际上是相互联系的。卡通避风港预见了这一点，伯努利的曲线凹性也预见了这一点——包含所有现实世界避风港的避风港边界证实了这一点。

因此，在**最糟糕**的路径上以具有成本效益的方式减少损失，可以完成现代金融所说的不可能完成之事：通过降低风险来增加财富。

吹着口哨穿过墓地

从以上假设检验中，我们得出三个主要结论。

第一，正如预期的那样，实现具有成本效益的风险缓释是困难的。典型避风港的成本效益较低——在许多情况下，它们并不具有成本效益。其风险缓释策略主要是战术的，而非战略的。

第二，尽管战术性与战略性混合的避风港具有成本效益，但它们通常不稳定，甚至稍纵即逝。其收益率曲线被海王星或火神星扭曲了。长期以来，黄金的收益率曲线显示，它是罕见的具有成本效益的避风港，尽管前提是达到20世纪70年代那种前所未有的通货膨胀水平。暴跌期间，黄金作为一种系统性风险缓释策略被证明成本过高，此后不再具有成本效益。（20世纪70年代的优异业绩使它有着不错的总体表现。）因此，黄金在通货膨胀加剧期是一种战术性对冲，而非战略性避风港。

第三，好消息是：我们可以利用真正有意义的避风港边界，它定义并解释了可移动的包络线边缘。我们**可以**（而且确实能）沿着真实的避风港收益边界向下移动，从而提高成本效益。更重要的是，我们的卡通保险避风港（算术平均收益率为0）实现了目标，即通过降低风险来增加财富。该目标是任何强大、复杂的研究和投资工具都无法实现的。这不足为奇，毕竟，这就是圣彼得堡商人贸易。

除了批评和否定所有的奇思妙想和宏图大志，我们好像没做什么。我们似乎是投资的失败主义者和虚无主义者。

这是完全错误的想法。被驳斥的理论推动了知识的进步。我们必须面对可怕的幽灵却乐在其中，我们必须吹着口哨穿过大胆猜测的墓地。

正如波普尔所说，猜测越大胆越好——越大胆的猜测越容易被驳斥。猜测越大胆，反驳的力度就越大。简单的反驳让思想趋向科学。**僵尸思想是伪科学思想。**

从风险缓释的角度看，我们试图反驳的许多关于避风港的猜测都是无法检验的。原因是，现代金融的框架甚至不能思考我们的猜测，它朝完全不同的目标射击，无法考虑我们关于期末财富和复利率的记分牌。现代金融使用的是不同的记分牌，这让其方法无懈可击，甚至无法证伪。它显然是一门伪科学。

在本章中，通过否定可观察到的投资组合效应，我们驳斥了关于这些避风港成本效益的基本假设。我们的基本目标是，为获得更好的业绩而刻意降低风险，并随着时间的推移获得更高的复利率。这正是"投资管理的本质"。

这是一种激进的想法，是波普尔所推崇的易于被反驳的大胆猜测。也许，这是我们作为投资者所能做出的最大胆的猜测。在被驳斥之前，我们只是暂时接受它。

我们不应该因快速做出判断而感到不安。当因低成本效益放弃避风港时，我们其实毫发未损。我们所做的是设定新的基线，以此来衡量它们的相互关系。

谁先冲过终点线并非唯一重要的事情，这不是赢家通吃的游戏，暂时的排行榜同样重要。这场竞赛永远不会结束，投资关乎持续调整和改进。通过不断学习，我们越来越接近靶心。随着成本效益基线的推进，我们的投资收益也在增加。至善者不必是善之敌。

正如费曼所说："犯错不是坏事，而是一次机会。"

证伪的准备工作让我们以建设性的严谨态度思考巨大的两难困境，这是投资中最重要的问题，也是我写作本书的初衷。它让我们找到避风港的范围和边界，获得解决方案，逐步完善风险缓释。

投资在纠错过程中不断进步，书中涉及的都是现代金融的错误，也是现实世界应用避风港假设的错误。该方法以退为进，通过反驳远离真相，从而更接近真相，它将帮助你找到具有成本效益的避风港，以及属于你的地下宝藏，解决投资的两难困境。

后记 热爱你的命运

回首往事

11岁时，我立志成为一名专业号手。（是的，那时我是风流倜傥的小帅哥。）我沉浸在各种曲目中，每天练习好几个小时。（其中有一小时练习是在上学前。想象一下，我父母每天早上都要被马勒的曲子吵醒。真是抱歉。）我的演奏水准很高。

可能是命中注定，当时我还不知道，我的生日与"号手二巨头日"（世界上两位最杰出的号手的生日）是同一天。但后来并没有造就"三巨头日。"

14岁的某一天，我忽然意识到自己梦寐以求的职位只有三个：芝加哥交响乐团、纽约爱乐乐团或柏林爱乐乐团的主号手。这就是我的愿望！其他任何选择都会让我后悔。

其他选择都不重要。成为管弦乐队的副队长、其他乐团的主号手,或者在地铁站演奏,都是我无法接受的。但我梦想的角色一代人中或许只会出一个。虽然我热爱自己的理想,却不喜欢它实现的可能性(无论我能否加入二巨头)。

我面临着自己的圣彼得堡悖论:我的期望结果,也就是我最想走的人生之路,实现的可能性比我的平均结果要小得多。我知道,倘若结果未能如愿,我会诅咒命运。实现职业生涯的远大理想需要我付出很大的代价。

不用说,我放弃了——从此再也没有回头。这些年,我甚至很少拿起我的号(尽管我还会吹奏马勒的曲子来骚扰我太太,真是抱歉)。基于我当时的价值评估标准,这是一个正确的决定,契合本书宣扬的理念。

唯一的路

在本书的尾声,让我们回顾一下一起度过的快乐时光。我们玩骰子游戏,考虑所有可能的岔道和迂回曲折的路径。(我希望你和我一样享受这个过程。)但愿我们能穿过无数条路,每条路上都有我们的替身,他们走过每条新路的每个新岔道。我们在旅程中穿越整个多元宇宙。

想法很奇妙,但对我们来说,那些替身只是狄更斯的鬼魂,是我们可能成为的样子。真正的路只有一条，那就是将我们带到此地的路。

从分裂的六面体骰子到难以置信的d120骰子，我们在诸多骰子游戏中明白了一个道理，那是只走自己这条路很难领悟到的：某些可能的道路令人愉悦，而另一些恰恰相反。它们会把我们带到完全不同的地方。

那么，现在的情况怎样？更准确地说，百转千回之后，当走到自己道路的尽头会发生什么？我们会深情地回首往事，感激所经历的一切，对最终结果心满意足吗？我们会热爱自己的选择吗？会渴望重新踏上这条路，无数次重走这条路吗？**当尼采的魔鬼潜入我们最孤独的内心深处，我们会诅咒它还是亲吻它？**

我们的抉择不仅在当下，而且在很长一段时间后都会对我们产生影响。我们如何评价自己的投资之路，以及作为投资者的尝试？是爱它还是诅咒它？

那些本可以承担或不必承担的风险，事后看来总是显而易见的，这就是普遍存在的避风港的回顾性谬误。但是，如果我们承认自己并非无所不知（确切地说，并非"一直都知道"），仅仅因为我们站在终点的高处回首过往，从而获得了开阔的视角，我们又会做何评论呢？

问题的答案提醒我们：在一切为时已晚之前，现在应该如何思考风险缓释。

我们是否会说，希望自己的投资更保守些，多一些多元恶化避风港，让船在港口停泊得更久？我们是否会说，应该做出更宏大的预测，并对预测结果下注？我们是否会说，应该更大幅度地提高所有路径的算术平均数，仿佛自己就是赌场——或者应该根据路径的波动性，将平均数提到更高的水平？我敢说，这种充满失败主义和虚无主义色彩的话我们不太可能说出口。

我们很可能会说，应该专注于提升和强化结果分组（尤其是最糟糕的结果），朝自己热爱的方向前进。换句话说，我们应该更加关注结果的几何平均数。毕竟，我们现在本可以身处的更理想的位置可能就在这个分组中。我们的箭本可以落在更好的分组。也许只有站在高处，回首过往，我们才能真正看到这一点。

我们很可能会说，应该将**成本效益**作为决定是否冒险的主要标准。当然，安全程度是标准的一部分：过于安全和过于危险都可能让我们付出高昂的代价。

当站在高处回望时，我们拥有了身处困境时很难获得的视角——望尽未知的道路。我们的视野广阔而清晰，所有的路尽收眼底。我们更加坚定，N 等于 1。

如果贝比·鲁斯在整个职业生涯中只有一次（而不是 10 617 次——他的个人打数在棒球史上排名前 50）击球机会，情况会怎样？他的最佳策略将不再是最大化本垒打的三振之王策略。毕竟，他不太可能在只有一次击球机会的情况下实现本垒打。在这种情况下，期望变得毫无意义。鲁斯需要新的估值指标：他的最佳策略应该更接近比利·比恩和《点球成金》中基于百分比最大化的策略。（事实上，按照今天的三振标准，鲁斯更像接触式击球手，这令人印象深刻。）

感谢自由之城的两位居民——伯努利和尼采的教导，以及巴塞尔的避风港，我们接受了同样的观点。他们的教导是一种劝诫：在进行规划时，应正确评价和高度重视我们要走的唯一的路——最重要的是，做出正确的选择。

威廉·泰尔射击

我青少年时期的选择意味着放弃管弦乐团号手的梦想，走一条截然不同的路。16岁时，我遇到了芝加哥交易所的"贝比·鲁斯"——埃弗里特·克里普，他立志在百年一遇的股市崩盘中追求巨额收益。命运喜欢讽刺。

事实证明，百年一遇的股市崩盘经常发生。到目前为止，在我长达25年的职业生涯中，崩盘的次数需要两只手来计算。此后，它出现的次数依然不会少。（但谁会去计算它？）

本书针对风险的巨大两难困境，提出了最终解决方案。我们从中了解到，就像少许盐是最重要的配料一样，当爆炸性的暴跌期收益被添加到投资组合中以降低系统性风险时，它们不仅会改善最坏的结果，还会提高投资组合的财富中位数或复合年均增长率。了解这一点很重要。我们谈论的并非不切实际的期望财富，而是财富中位数。其他策略无法做到这一点。（Universa公司的发展模式正是如此。）

这并不是说我们不应该把目标定得太高，也不意味着不要冒险。恰恰相反！目标远大、勇于冒险正是它的真正含义。它意味着重新思考所有让你瞄准低目标的失败主义、虚无主义方法。它意味着你要刻意而非无端地让自己暴露在风险中。**目标很高，即使最终没有实现，你也会为可能实现的其他目标（其他可能的结果）感到欣喜。**

> 鸿鹄之志，目标精准；燕雀之志，目标涣散。

你只有一次机会射中靶心。根据投资控制的二分法，你在射击时只能控制可控的事情；箭一旦射出，就不在你的控制范围之内了。无论结果如何，你的风险缓释策略都应该在准确性和精确性方面助你一臂之力。它会帮助你战胜运气。

将命运置于大量随机性中会令人不安。但以其他任何方式思考命运都不切实际。当然，我们不可能总是随心所欲地影响如此广泛的分布，就像我小时候尝试的那样，或者像我们在书中所做的那样。有时，命运主宰一切。例如，想象一下，你的生活是从世界人口中随机挑选出来的（事实的确如此）。让你穿越到一千年前会怎样（倘若可以如此）？

当 N 等于 1 时，无论命运赐予怎样的牌，我们都要让它变成好牌。

掠夺财宝

可悲的是，我们的圣彼得堡商人从未设法解决他所面临的风险困境。他误解了风险。他的书桌上堆着陈年的航海图，上面标记着避开波罗的海杰克船长的迂回路线，字迹潦草、难以辨认。书桌后面的墙上挂着他的座右铭"停在港湾里的船是安全的"，相框里的木雕船让他浮想联翩。一天，他恍然大悟：那是一艘海盗船，不是他一直以为的商船。他简直不敢相信自己的眼睛，那艘船变成了他的死敌——猝死号。

多年来，猝死号给了他几次致命打击，让他陷入了经济困境。后来，由于资本大幅减少，他不得不减少进货量，这个阶段似乎永无止境。随着成功运送的次数逐渐增多（避开可怕的杰克船长和海上的狂风暴雨，将货物安全运抵圣彼得堡市场），他终于回到了起点。他所做的一切都是为了回本。唉，他一直无法看清真相。

尼采有一个古怪的信念，即"在很长一段时间里，商人和海盗是同一个人"，因为"商道实际上只是海盗之道的美化"。如果我们的商人能更好地了解尼采的海盗之道（或巴克敏斯特·富勒的理念）就好了，他会发现解决方案近在咫尺。**但他精心绘制的航海图并不是寻宝图，相反，寻宝图是伯努利的对数图。**

我们的商人经历了很多痛苦和狂喜，有过惨痛的损失，也有过丰厚的盈利。他一次次经历复利的几何级数，实现的途径不是掷骰子，而是真实世界中实时运转的复利机器。他本该找到答案。如果找到了答案，他就可以沿着伯努利对数图的"曲线凹性"绘制运输图（就像我们在第二章所做的那样），为自己节省大量时间和费用。当被劫持的商船沿着曲线沉入大海时，他本可以毫发无损。也就是说，他本可以计算下一批货物的期望对数收益率（或平均效用），从其复利中得出几何平均收益率。

他本可以成为一位高瞻远瞩的商人！他本可以了解到，巨额亏损不成比例地降低了他的几何平均收益率，大幅减少了下一批货物的再投资和复利。无论是否有价值 800 卢布的昂贵保险单，他如果能重新计算几何平均收益率，就可以像大海盗一样看到整体，而不仅仅是局部。他甚至可以发现，**整体远远大于各部分之和**。

伯努利对数图的确是一张地图——大自然发出警告：要么不要掷骰子，要么为掷骰子行为购买保险。事实证明，伯努利对数图就是我们和圣彼得堡商人一直在找的寻宝图，它告诉了我们宝藏的地点。

复利倍增是**最强大**的力量之一（也有人认为没有"之一"）。人们驾驭并使用它。但当它把你抛入伯努利瀑布时，它就变成**最具破坏性的力量**。借用尼采的名言"杀不死我的，只会让我更强大"，只要它杀不死你，你就会变得更强大。

伟大的公式

在尼采所有的智慧中，我们最认可的是其基本原理"永恒轮回"——我们不断从中汲取养分。尼采将生存要事又向前推进了一步：不能只是欣赏自己所走的唯一的路——必须热爱它！

这就是"热爱你的命运"。与永恒轮回一样，它是尼采选择的另一个古老思想，该思想可以追溯到爱比克泰德和马可·奥勒留等为代表的斯多葛学派。马可·奥勒留在《沉思录》中写道："爱命运赐给你的牌，把它当作你自己的选择，还有什么比这更恰当的呢？"（马可·奥勒留谈论的不是扑克牌，却包含着斯克兰斯基的扑克理论。）

"热爱你的命运"是尼采提出的，这是他基本原理的逻辑延伸。他在"最高级的确认公式"之外，延伸出另一个改进版的新公式：

> 我对人类之伟大的定义是"热爱你的命运"：不希望它有任何不同，不希望更好，不希望更差，不希望永恒。不仅承受命运的必然，毫不遮掩……而且热爱它。

人们经常误以为尼采是虚无主义者（主要是因为误解了他的那句"上帝死了！"）。实则不然。在很多方面，"热爱你的命运"是他反对虚无主义的表达。面对"存在的骰子游戏"的不确定性，我们很容易听天由命，就像躲进避风港。在尼采看来，"热爱你的命运"是指，调整掷骰子所获得的收益，这样无论结果如何，你都会感到满意。

无论骰子落在哪一面，热爱命运绝非听天由命。不，它是在呼吁我们改变命运——并非改变骰子，而是改变它的影响，这样我们就可以宣布："这正是我的愿望！"

我们需要走好这条路。为此，我们需要了解几乎所有可能的道路。我们需要对所走的道路保持信心。

永恒轮回让我们专注于投资中重要的事情，让我们正确看待事物，理解游戏的本质。我们不是赌场，也不能拥有所有可能的同步收益率的投资组合。确切地说，我们进行的是随时间形成复利的一次赌博，我们只有一次机会。如果明确意识到这一点，我们就能避免许多错误——以更好的内部估值标准来考虑正确的事情：确保此次机会最大化。缩小可能的结果范围，同时最大化最可能的结果。

这就是具有成本效益的风险缓释。它关注的是如何正确地把握命运，无论是何种命运。它不关注你的平均期望命运，也不仅仅关注你的厄运，而是所有一切命运——不管你得到的是哪一种。

我们会一次次重温生命中的每一刻，这一假设赋予了每一刻最大的权重。它可能是无法承受之重。（这正是米兰·昆德拉 1984 年小说《不能承受的生命之轻》的主题。）

每一刻，每一次轮回，都不会在发生后消失无踪。这是一个数学事实：它永远伴随着你。这就是最强大、最具破坏性的复利倍增的本质。在复利倍增中，每一次的后续收益率都会乘以下一次的收益率，具有乘法的交换性。正如我们在第三章了解到的，今天的巨大损失将影响几十年后的期末财富，损失就像发生在几十年后一样（影响你获得更多财富）。损失在何时发生并不重要。它如同水面上的涟漪，不停回荡，直到永远。

片刻不再转瞬即逝，相反，每一刻都是一个沉重的、永久的结构，不仅塑造着现在，还塑造着你所能看到的未来。

这就是为什么我们需要评估每一时期的投资，就好像我们要持续

不断、反复多次，甚至永不停止地进行投资一样——无论事实是否如此。从数学及效应角度上说，的确如此。这正是伯努利对数目标函数（取所有可能的下注结果的几何平均数）所传达的信息。这正是"热爱你的命运"在投资领域的体现！

尼采关于伟大人类的公式也是我们关于伟大投资的公式。它与莱茵河瀑布之岸刻在石头上的公式是一样的。相较于任何投资策略，"热爱你的命运"要重要得多。理解了它，你就可以在游戏中遥遥领先。

但在匆忙的生活中，我们很容易忘记这个公式。你可以用某种方式提醒自己，比如电话提醒、文身，或者在后视镜上挂个d120骰子。

让我们永远记住避险投资的大反转，具有成本效益的避风港并不是为了降低风险。相反，我们有意降低风险，是为了获得更多而不是更少的财富。伟大的斯多葛学派代表人物马可·奥勒留说："该畏惧的不应是死亡，而是从未真正地活过。"

"我忘了带伞"

人类天生就懂得通过资本增值来降低风险，这是我们与生俱来的本能。我们的祖先所经历的一切——劳苦、艰辛、饥饿和痛楚，不是为了熬过明天，熬过下一季，甚至不是为了熬过明年，而是为了生存、繁荣，繁衍生息直至永远。这种天赋促进了人类进化和文明发展，但金融和投资行业却彻底背弃了它。我们需要从其他地方寻找人类这种天赋的证据。

据公元前 1750 年左右的《汉谟拉比法典》记载，商船保险是世界上首个形式化的海上保险，可追溯到巴比伦人。一千多年过去了，随着文明的不断发展和进步，个性张扬的商人开始冒险，用掷骰子来决定自己的财运。更规范的风险缓释方案应运而生。具有讽刺意味的是，直到 18 世纪，伯努利研究了骰子游戏，我们才为保险业，尤其是一般的风险缓释奠定了严谨的、无关赌博的科学基础。

然而，如今投资中的许多风险缓释已变成纯粹的表演、肤浅的反讽或投机。从这个意义上说，概率科学虽然破除了人类对命运的保守观点，但风险缓释似乎又回到了虚无主义的起点。现代金融不再将避险投资作为更大投资价值的来源。它抛弃了伯努利原理，将其追随者置于极为不利的处境。

在检验了各种风险缓释收益率之后，我们得出的关键结论是效率。沿着避风港边界向下移动，几何效应超越了算术成本，从而创建了具有成本效益的避风港。它不露锋芒、蓄势待发，我们很难注意到它——直到需要时，它才带来爆炸性收益。从根本上说，我们要将具有成本效益的避风港规划好，放在一旁，就像可以随取随用的伞，时刻准备抵御突如其来的暴风雨。

天气预报和市场预测是一回事，备好雨伞是另一回事，它让我们接受（甚至热爱）上帝的骰子掷出的任何天气和市场状况。就像薛定谔的猫和分裂的骰子，我们可以在晴天和雨天同时安然无恙。

当然，我们已经直观地了解到这种物理优势。有一次，我在恩加丁遭遇了恶劣天气，老练的登山向导对我说（他的话让人想起睿智的祖母）："世上没有坏天气，只有坏装备。"有句古老的谚语好像是为我们的避险投资量身打造的：

　　生活不是等待风暴过去，
　　而是学会在雨中翩翩起舞。

与迪伦一样，我们或许知道"暴风雨即将来临"（事实的确如此！），但也应表现得从容不迫。否则，当乌云密布时（这种情况经常发生），我们只能二选一：要么仓皇躲进室内，要么冒雨购买高价雨伞。

尼采去世后，人们在他未出版的手稿中发现了一句晦涩的话。没有上下文，括号里潦草地写着：

　　我忘了带伞。

哲学家费尽心机想破解这句话的含义。像尼采的许多作品一样，它可以代表你想表达的任何意思。对投资者来说，它意味着**避风港应该让人浑然不觉其存在**。它能让我们不受外界动荡的干扰，持续工作。不管即将来临的是怎样的金融风暴，它都能让我们与风和日丽时一样安然无恙。无论好天气还是坏天气，它都能让我们平安顺遂。

我希望我至少完成了本书开头设定的目标。浮在水面上的冰山的八分之一被公之于众，我希望它带给你的帮助比水下的部分更大。

你拥有了一个合乎逻辑、实用的分析框架来处理风险缓释问题。从价值的角度看，避风港应该能带来财富增值——这是我们的基本原则。当你在投资领域遇到避风港怪兽时，我希望你的第一反应是，不仅仅根据其表面特征或肤浅的叙事进行分类。相反，我希望你能从特定的角度去思考，思考它在你选择的唯一的路上能发挥什么作用。想想它在避开对数暴跌方面的作用（对数暴跌将改变整个路径），想想它在成本效益分析中的表现，以及沿着避风港边界移动时所呈现的状态。如果读完本书，你对避险投资有了更现实的假设，了解了它的机制，拥有了更连贯的整体框架，那么与那些经验丰富、受过良好教育、文质彬彬的专业投资者相比，你更有能力避开风险投资的陷阱。

你甚至拥有了一种能力，可以解决投资的两难困境。

多年以后，你会感叹：巨大损失本可能决定你的复利率，让你走上一条后悔莫及的路。但因为你通过具有成本效益的避风港有效避免了这些损失，一切都变得不同了。

我们要与运气作战，并赢得这场战争。

最后，无论好运还是厄运，热爱你的命运。

马克·斯皮茨纳格尔

致　谢

如果没有奇普尼特·曼、黛西·韦斯和布兰登·亚尔金所做的工作，本书不可能问世。非常感谢罗伯特·墨菲和帕特里夏·克里萨富利的编辑工作，尤其要感谢克里萨富利，她总是鼓励我迎难而上，尽管我经常拖延。感谢约翰威立国际出版集团编辑们的耐心（理解我有一份全职工作要做）。最后，非常感谢Universa公司的投资者、我的智囊团以及Universa公司"真实案例研究和样本外检验"的其他参与者。